U0059771

南台灣踏查手記

Foreign Adventurers and the Aborigines
of Southern Taiwan, 1867-1874

節譯自

Foreign Adventurers and the Aborigines of Southern Taiwan, 1867-1874
Edited and with an introduction by Robert Eskildsen

特別說明：

　　本書文字摘錄自李仙得（Charles W. LeGendre）於19世紀所撰作的 Notes of Travel in Formosa 部分內容。

　　Charles W. LeGendre 上述著作之全文，已由 Douglas L. Fix、John Shufelt 二位教授校註出版：Douglas L. Fix、John Shufelt 主編，Charles W. LeGendre, Notes of Travel in Formosa（臺南市：國立臺灣歷史博物館，2012）。

　　本書翻譯成中文出版時，書中所使用的照片、圖片及地圖等圖像資料，大量翻攝自已出版之上述該書，以及 Douglas L. Fix 教授於里德學院（Reed College, Oregan, U. S. A.）所建置的 Formosa: 19th Century Images website（http://academic.reed.edu/-formosa），謹此特別註明，並向 Douglas L. Fix、John Shufelt 二位教授及國立臺灣歷史博物館、里德學院，敬致謝忱。

原著｜**Charles W. LeGendre**（李仙得）

英編｜**Robert Eskildsen**

漢譯｜**黃怡**

校註｜**陳秋坤**

↑ 李仙得在射麻里社 (1872)

感　　念

本書：台灣經典寶庫7《南台灣踏查手記》，由

財團法人世聯倉運文教基金會

認養贊助出版

　　財團法人世聯倉運文教基金會近年持續投入有關蒐集及保存早期台灣文獻史料的工作。機緣巧合下，得知前衛出版社擬節譯李仙得原著《台灣紀行》(*Notes of Travel in Formosa*, 1874) 第 15~25 章，首度以漢文形式出版，書名定爲《南台灣踏查手記》。由於出版宗旨與基金會理念相符，同時也佩服前衛林社長堅持發揚台灣本土文化的精神，故參與了本書出版的認養。

　　希望這本書引領我們回溯過往，從歷史的角度，進一步認識我們的家鄉台灣；也期盼透過歷史的觀察，讓我們能夠以更客觀、更包容的態度來面對未來。

財團法人世聯倉運文教基金會
董事長 黃仁安

Contents 目錄

校註者序

註序

土著的盟友，台灣的敵人：
李仙得

陳秋坤

　　1895 年清廷對日侵略抗爭失敗，被迫割讓台灣等地。此後，日本殖民者將台灣做為「科學統治」的試驗地，舉凡人種、戶口、族群關係、土地，乃至日常生活，都在「現代」與「文明化」的標竿下，進行分類，並按數據編制辦務署和警察分駐所，進行嚴密的管制。其中，幾個主要項目，例如，土地產權登記和分配調查，稅賦結構改革，行政管理區劃，以及土著的分類和監督等，都是延續清末 1885 年台灣獨立行省之後的改革措施。更早一點，清朝在台官員在 1870 年代所策劃的各種自強運動，例如，「開山撫番」（目的在清理全島高山「生番」，設官經理），「化番為民」（取消所有熟番番籍及其番租，並將駐紮在山腳地帶的「屯番」，改歸地方汛塘（兵營）管制），以及建造砲台，修築港口、鐵道和島內公路系統等新政，基本上，都在一定程度受到 1874 年日本派兵征剿恆春半島土著，造成著名的「牡丹社事件」所影響。

　　「牡丹社事件」是近代以來，第一次外國勢力從南方海岸侵入台灣的中外糾紛案件。距離 1620 年代荷蘭東印度公司佔有台灣，已經 250 多年。學界有人稱為日本第一次侵略台灣；也有人認為是 1895 年日本割據台灣的遠因。這件軍事行動在短短時日，立即有效找到懲罰的對象，並以最少損耗，完成土著歸降，手持紅白旗幟，

象徵臣服日本。所有這些成就的背後指導者，正是日本顧問，也是本書作者，法裔美人李仙得（Charles W. LeGendre，稍早譯為「李讓禮」，後來亦稱「李善得」）。

在本次戰役中，李仙得提供 1870 年繪製的台灣全島地形圖，詳細記載具有潛在軍事功能的海港和地質資源，例如，淡水、雞籠（基隆）、苗栗、六龜、萬金，以及恆春半島等地。李仙得憑借過去在美國礦坑探勘所學習的專業繪圖技術，利用等高線測繪台灣地形地貌，勾畫各地行政區劃和重要河道、道路交通以及主要港口位置。其中，有關南台灣的地理和人口聚落，特別仔細。因為這裡曾經在同治 6 年（1867）發生美國商船「羅妹號」（Rover，又譯作「羅發號」）觸礁，船員遭到土著誤殺的涉外案件。李仙得就是為了解決這件船難事件的善後事宜，方才從廈門渡船到台南府城。當年為求了解恆春半島涉嫌殺害白人的土著部落，李仙得先後在著名的行商，也是能操福佬土話的翻譯，北麒麟（William A. Pickering，亦稱必麒麟）帶路下，數次登上恆春半島，直接和當地頭目接洽，最後締結著名的「南岬盟約」，保證白人漂民的人身安全。

日本軍隊指揮官利用李仙得繪製的現代台灣地圖，可以事先做好準備，知道那裡可以停泊軍艦，駐紮營地；何處居民可以合作，兼作密探；至於深藏在內山叢林，涉嫌殺害琉球島漂民的高士佛社和牡丹社人，更在地圖上標示準確的座落。在日本殖民台灣，繪製詳盡的「堡圖」之前，李仙得製作的這張地圖應該是最有系統呈現正確台灣面貌的圖像。

隨伴這張現代台灣島圖的主要母體則是「台灣紀行」。這是李仙得總結多年來處理台灣事務的結案報告，也是上呈日本外務省

長官大隈重信的「侵台備忘錄」或「征台建議書」（日文稱覺書）。
1874 年完成初稿，立即由官方授命專人譯成日文；兩項版本目前存
列在國立日本公文書館。不過，完整的版本附帶許多精密的繪圖，
長期收藏在美國國會圖書館。2004 年在 Smith College 學院任教的美
國學者 Robert Eskildsen，因長期研究日本殖民主義的源起，發覺「牡
丹社事件」正是日本明治維新政府爲仿效英美殖民勢力而進行的
「試驗品」。在仔細閱讀李仙得「台灣紀行」原稿之後，他覺得有
必要將這本關聯到近代台灣命運的著作介紹給中文學界，因此，花
費許多工夫，將有關南台灣部分的文稿集結成冊。在編輯過程，他
考證原文的正確性，比對當時存在的部落位置，並曾數度來台，前
往恆春半島，考查著名頭目卓杞篤的村莊以及附近山川景觀。

　　2011 年前衛出版社編輯來電表示，已經聘請專家進行翻譯這本
集冊，準備出版，唯需有人代爲校訂南台灣考察記事的若干專門用
語。本人近幾年因從事編輯「屏東縣誌」工作，對於恆春半島的遭
遇，略曾覽讀相關文獻，只好抱著嘗試的心情，勉爲答應。沒想到
校訂過程如此繁複，原先以爲只要撰寫一篇短文，介紹本書的時代
意義，後來變成校稿；爲求一睹原稿面目，還趁本年（2012）4 月前
往東京觀賞櫻花之便，特地到國立公文書館，借閱李仙得四卷原稿
及其日文譯本。

　　在編校期間，國立台灣歷史博物館已經將自 1999 年籌劃的李
仙得全稿併附錄地圖正式出版（2012）。這是由美籍學人費德廉教授
（Douglas L. Fix）主導，配合新科博士 John Shufelt (2010) 共同編輯的
完整台灣紀行（*Notes of Travel in Formosa*，英文版）。在此之前，費德
廉教授曾經以李仙得爲中心，撰寫多篇文章，介紹李仙德的地圖製

作技術，地景和人物圖像的歷史意義，以及恆春半島多元聚落的性質。據云，有關全稿的中文譯作，也已經開始進行。這些都是了解19世紀台灣社會和民情風俗必須參考的重要文獻。

本書的意義在於集中描述台灣府城以南，所謂南台灣社會村莊的景象。原編者的目的，在於呈現一名美國領事為何來到南台灣，準備和在地官員「合理」解決國際船難事件；在屢經地方官員推委塞責，堅持恆春半島屬於禁地，土番非屬「人國」的濫調之後，李仙得選擇主動和土著頭目接洽，訂立合作盟約，變成土著盟友。此後，李仙得利用牡丹社事件契機，發展侵犯台灣主權的論述，實質上，等於是台灣的敵人。

舉例而言，同治6年（1867）5月，奉命調查船難事件的台灣最高文官，台灣道吳大廷，向長官報告稟稱：龜仔用（俗稱角）社地方去瑯嶠尚有數十里。其地盡是生番，並無通事，鳥道羊腸，箐深林密，係在生番界內。其行「劫」之凶犯，並非華民。該處乃未收入版圖，且為兵力所不及，委難設法辦理。

同治13年（1874）2月沈葆楨在日本出兵而成功征剿牡丹社人之後，致函李鴻章，報告他對船難事件因果關係的理解：「生番事素非所知。茲向督轅抄其全案，乃知其根株伏於同治6年美商之被戕，地方官斷斷以不隸版圖為詞，經總署駁斥，尚執迷不悟，物腐蟲生，誰該其咎。」（沈文肅公牘）

光緒1年（1875）2月6日，左宗棠議覆「台防條款及海防事宜」，描述李仙得（中文稱為「李讓禮」）為何決定「賣台」的歷史：

「領事李讓禮愬（訴）台灣鎮道求辦生番，以儆將來：意

在收殮殘屍，救回活夷，永杜番害，未嘗別有要脅也。台灣鎮
劉明燈台灣道吳大廷鑒其無它，即與定議；又令生番曉事頭人
卓杞篤與李讓禮商議善後諸事。李讓禮遂與生番連和……督撫
允行，事遂寢。嗣後，吳大廷堅求內渡，劉明燈因閩撫有意吹
求，謗議上騰，遂被奏撤，而前議擱置不復過問，李讓禮心懷
不平……乃以台郡地圖示倭，唆其剿番，資以利器，倭窺台郡
後山地險而沃，冀據為外府，此違約稱兵所由來也。」（甲戌
公牘鈔存）

　　李仙得主張依據國際公法，南台灣土著屬於非文明的無主狀
態。日本公使柳原前光接受這套看法，向清廷表示：「台灣生番，
為無主野蠻……既無政教，又無法典，焉得列於人國之目。」同治
13 年（1874）8 月 4 日日本特使大久保問答清廷官員有關台灣歸屬問
題，也採取李仙得立論，堅持主張：「生番不納稅，中國沒有設官
經理；生番是中國地方，不知有何確實憑據。生番土番謂：彼處田
園由其自主；生番屢害漂民，置之度外，曾不懲辦。」

　　本書最大的貢獻，便是集中展示近代台灣遭遇外難的歷史文
獻。有興趣了解 19 世紀全台灣各地特色的讀者，自然應該閱讀即
將在未來問世的《台灣紀行》全譯本。不過，若是要集中研究外國
勢力如何改變台灣命運，本書可以當作一個重要起點。

陳秋坤

　　1947 年生，屏東縣潮州鎮人。台灣大學歷史系（1969），美國史丹福大學博士（1987）。曾任中央研究院近代史研究所、台灣史研究所研究員。目前兼任國立屏東教育大學教授。出版專書《清代台灣土著地權》（中央研究院近代史研究所，初版 1994，修訂版 1997，增訂版 2010），論文〈帝國邊區的客庄聚落〉、〈清代萬丹地域的地主、神明信仰與下淡水社人的離散，1720-1900〉等論著。曾經編輯《潮州鎮志》、《里港鄉志》和《屏東縣誌》等地方志書。

本書簡介

Robert Eskildsen

　　本書的內容，取自李仙得（Charles W. LeGendre）[1]未發表的文稿「台灣紀行」（Notes of Travel in Formosa, 1874）[2]第 15 章至 25 章。這份藏於美國華盛頓國會圖書館的文獻，是四捆字跡工整的文稿，其中包括若干 1872 年以來關於台灣的插圖及攝影。1872 年春天，李仙得遊遍台灣西部，沿途廣泛蒐集資料，最後都收到這份文稿中。雖然他從未公開聲明爲何撰寫這份文稿，但從文本採取 19 世紀常見的遊記寫法，可以不用懷疑他本來就有發表的打算。他可能預備離開中國前往阿根廷就任公使之際，發表這些筆記，但是日本政府臨時聘請他擔任顧問工作，使他沒有去成阿根廷，也擱下出版計劃。

　　看來，李仙得是在 1874 年 5 月日本遠征軍出發前往台灣南部（牡丹社事件）與他個人 8 月前往中國（做爲日本代表團對清談判顧問）之間的短暫時間，寫下這些筆記。這幾個月，李仙得在東京停留，繼續給日本政府做顧問，雖然他的角色已不如籌畫遠征時那麼重要了。然而，李仙得對於日本犯台這件事的興致始終不減。他的手稿有時帶有爭論的意味，並刻意修正對於過往事件的描述，以便合理化日

1　校註：清代官方文獻稱作李讓禮。

2　譯按：本文稿已正式出版，參見 Douglas L. Fix、John Shufelt 編，《Notes of Travel in Formosa》（台南：國立台灣歷史博物館，2012）。

本對於南台灣的進軍行動。尤其在文稿的第24章（即本書第10章），他還定下具有特定立場的標題——「日本有權對台灣番地宣示主權嗎？」

　　文稿大部分描述台灣的北部和西部，而不是南部。李仙得列出許多訪察過的地方，指出從某地到某地有多遠，並廣泛提及測得的氣壓值，顯然要藉此讓讀者瞭解其所造訪之地的海拔高度。文稿的第27章（「台灣土著的語言」，不包括在本書內），李仙得還做了一張字彙表—— 19世紀的探險家通常會羅列這種字彙表——意在顯示數種台灣原住民語言與世界上其他地區的語言——尤其是馬來西亞——之間的系統關係。

　　總體說來，「台灣紀行」做為遊記還有很多不足之處，但是，當李仙得將注意力放到他在南台灣的經驗時，內容就變得有趣多了。本書所收錄的就是這些章節。相對於北台灣與西台灣的平淡描寫，他在記錄南台灣時展現出豐富的地理與民族誌細節。雖然他個人對南台灣很熟悉，但文稿中很多敘述卻是引自他處，顯示在自己的觀察之外，他還引用及摘要其他旅行者的說法，而且很多篇幅幾乎是逐字抄錄外交文書的段落。在這些章節中，李仙得似乎有意寫下南台灣的人民與土地概況，但最後卻淪為李仙得自述——同時佐以其他資料來源——個人在擔任廈門領事時期所達成的非凡成就，此即他與卓杞篤（Tokitok）[3]在1867年所達成的協議，使後者承諾不再屠殺因船難而登陸南台灣的外國人士。縱然「台灣紀行」的敘

3　校註：卓杞篤為清末（1860-1870）恆春半島十八個大部落中，最為著名的領袖，經常代表「瑯𤩝十八社」對外接洽船難事件和部落治理事務。他本身為豬勝束社頭目，位居今滿州鄉里德村。其子潘文杰繼承父業，活躍於清末至日治初期。祖先來自台東卑南，移居恆春，自稱「斯卡羅族」，以別於排灣族的大龜文社聚落和阿美族部落。

南台灣
踏查手記

Pioneering in Formosa: Recollections of Adventures among Mandarins, Wreckers, & Savages the Aborigines of Southern Taiwan, 1867-1874

0 1 4

事有些七拼八湊，而且引自他人的資訊可能更加惡化——而非減輕——這種傾向，但李仙得有關南台灣的描述，還是對於 1860、70 年代台灣原住民社會的政治、經濟組織提供很多洞見。

　　本書各章中，以第 11 章描述原住民社會的資訊最為單薄。這章敘述從南灣（Kwaliang Bay）到基隆的台灣東海岸景象，不過，因為李仙得缺乏有關豬𣍟束河（Tuilasok River，今港口溪）以北東海岸的第一手資訊，因此，主要見聞都是依賴他人資料而來。將此章編進本書的用意，是為了顯示李仙得因為東海岸資訊不足，而求助於英國籍醫生萬巴德（Patrick Manson），證明他們走得很近。萬巴德曾經走訪卑南（Pilam）。李仙得建議日本政府，聘請萬巴德協助日本人殖民東台灣，以便在綏靖南台灣之後，即可從卑南著手進行。但是因為英國駐廈門領事館知道這個計畫，威脅要逮捕萬巴德，逼得萬巴得匆忙離開台灣，返回英國。為了彌補日本政府的損失，李仙得只好根據萬巴德提供的資訊，準備一份關於卑南的備忘錄（第 11 章開頭的文字，與備忘錄的第一部分大體相同），呈給西鄉從道；西鄉在 1874 年 5 月抵達瑯嶠（Langjiao，今屏東縣車城鄉）之後，又把該備忘錄轉交給凱索（Douglas Cassel）[4]；凱索在寫給李仙得的信中，曾提到此事。

4　校註：凱索（1846-1875），美國海軍將官，曾在 1862 年美國內戰之後，擔任日本海軍顧問。

英編者 導言[1]

Robert Eskildsen

　　1860、70 年代前往南台灣的外國冒險家，碰上的是一塊野蠻人居住的未馴服土地，大致上處於清廷的統治力之外。即使南台灣不是完全原始，也跟 19 世紀西方人所預期的那樣，非常接近自然狀態。前來南台灣的訪客，不是爲了找樂子或滿足無聊的好奇心，或至少不是全然如此，而是爲了處理幾樁被住在那裡的原住民殺害的外國船難事件。從更寬廣的角度來看，外國人走訪南台灣，發生在西方帝國主義擴散的脈絡之下；很多他們公開承認的目標，現在都跟帝國主義聯想在一起，譬如必須要散播他們的文明，或是確保他們來往國際船隻的安全。本書發表的文章，許多是第一次面世的；它們訴說著 19 世紀帝國主義脈絡下，原住民與外國人（包括西方人及日本人）相遇、衝突與交戰的有趣故事。

　　統合本書各章節的前後故事，開始於 1867 年遭遇船難的美國人受到攻擊，觸發羅發號（*Rover*，亦稱「羅妹號」）事件；結束於

1　譯按：本文節譯自英編者 Robert Eskildsen 爲《Foreign Adventurers and the Aborigines of Southern Taiwan, 1867-1874》（台北：中研院台史所，2005）所寫的導言。該書共有十五章，本書翻譯了第二到十三章。未收錄的第一章，請見必麒麟著、陳逸君譯，《歷險福爾摩沙》（台北：前衛出版社，2010），第十五章。未收錄的第十四、十五章，係 Douglas Cassel、James R. Wasson 關於 1874 年牡丹社事件的信件及報告，與本書著重李仙得描述南台灣風土民情的主題較無關，故予以省略。

1875 年戰事完了，日本政府裁撤當年爲監督侵略、佔領南台灣（即
所謂「台灣出兵」），特別設立的台灣蕃地事務局（Taiwan aboriginal
ministry）。在 1875 這一年，清廷對於日本的侵略有了決定性的回
應，果決地綏靖南台灣，且正式將之併入清帝國行政管轄[2]。清廷在
1875 年的行動，或更精確地說，由沈葆楨啓始推動的「開山撫番」
計畫，可視爲由羅發號事件所觸動一連串政治與外交措施的因應結
局，但也可視爲南台灣另一個新歷史階段的起始。從此，該地區開
始失去自主性。本書的資料不包括 1874 以後的事件；若讀者想了
解南台灣下一階段所發生的事情，可參考最近出版的《1880 年代南
台灣的原住民族》[3] 一書。

　　然而，發表於本書的資料，並不僅僅是講述西方人對南台灣的
印象；這些資料使我們得以窺見——雖然是不全面的——中國政府
綏靖南台灣之前的原住民社會。誠然，這些資料中所呈現的南台灣，
受到一大堆西方人先入爲主的觀念及偏見所形塑，並被無知及透過
通譯所造成的溝通不良所影響，乃至呈現種種限制，不過，它們還
是傳達了南台灣生活的生動影像；在中國政府與日本及西方的外交
衝突的較大劇碼中，原住民並不是舞台上的小道具，而是眾人矚目
的主角。這些資料提供了有力、迫切需要的證據，足以修正出現在
大部分日本出兵台灣的歷史中的原住民形象。在多數的敘述裡，尤
其是從日本人觀點所做的描述，原住民經常被描繪爲兩種刻板的面

....

2　英編按：Lung-chih Chang（張隆志），"From Island Frontier to Imperial Colony: Qing and Japanese
Sovereignty Debates and Territorial Projects in Taiwan, 1874-1906"（diss., Harvard University, 2003）.

3　英編按：Glen Dudbridge, ed., *Aborigines of South Taiwan in the 1880s*（Shung Ye Museum of Formosan
Aborigines, Institute of Taiwan History, Academia Sinica, 1999）.

向：他們野蠻、未開化，殘酷不仁，活該接受懲罰。

這些資料的作者們，有很多位是策畫、執行日本進犯台灣的主要人物，相當自信他們的行動是妥當的。他們就是要馴服這些「野蠻人」，一點歉意都沒有。然而，當他們描述南台灣的土地及人民時，他們通常會暫時擺下政治策略，呈現好奇心，努力詳實記錄，生動逼真地描述他們個人與原住民之間的交往情況。因此，儘管他們對原住民明顯帶有偏頗、成見，但比起研究遠征的歷史學家，這些作者更把台灣的原住民當作一回事。講得更明確些，他們很多時候也不得不這樣做；歷史學家從事研究工作，很少遇到風險，但這些侵入南台灣原住民社會的冒險家，卻是冒著生命危險。不過，對冒險家而言，這也是其中的樂趣所在。

在編輯這些文本時，我通常盡量忠實原來的版本，但其中幾個明顯出錯的拼音，我都改過來了；在作者明顯漏字部分，我也都加以插補。

李仙得的文稿中有許多錯誤、遺漏與矛盾之處，尤其是他的註腳需要編輯處理。很多註腳是不完整的，或是提到沒有收在本書的文稿段落。本書刪除這些部分，但保留其餘的註腳。唯有幾則較長的註腳，因影響到行文的流暢，就移到附錄裡。李仙得的原註，皆加上「原註」字眼。

編輯文稿中的專有名詞，是相當令人畏懼的工作。這些外國作者對於原住民名字及村庄名稱經常搞混，無法正確拼音，主要的原因是他們不熟悉排灣語，而且當時也不存在標準的記法，其結果就是同時出現不同的拼音。如今簡直無法核對文本中某些名稱的拼音是否正確，因為它們所指的村庄已經消失，且大多數村庄頭人的名

字，也從未出現在漢文文獻中，因此，無法爲這些名詞提供一種標準的拼法。對於這些外國作者而言，漢人的名字比較不是問題，但因中文拼寫的慣例尚未成形，所以也出現眾多不同的拼法。因此，本書各章節對於專有名詞的拼寫並不一致，存在很多差異。爲了忠於文本，本書保留這些不一致的拼寫方式。

李仙得傳記[1]

黃怡／編譯

　　1899年9月3日，美國《紐約時報》（*New York Times*）出現一則悼文，標題爲「李仙得將軍去世：東方行政官員，曾任紐約軍團上校」──

　　【華盛頓9月2日訊】國務院從朝鮮美國事務局總管山茲（William F. Sands）接獲電報，謂李仙得將軍在此間去世。李仙得將軍是知名東方事務專家，曾經當過朝鮮國王顧問。他於七十年前生在法國；完成軍事學校教育之後，在美國內戰前來到美國。在內戰期間，位階紐約志願軍第五十一兵團上校。1866年7月13日，由美國政府指派爲駐中國廈門領事。後來，轉任日本外交部顧問，指導日本進攻台灣，獲得日本天皇封爲二等貴族。之後，前往朝鮮，任職朝鮮國王顧問。（下略）

　　事實上，1830年8月26日生於法國 Oullins 的李仙得，不僅在蘭斯皇家學院（Royal College of Rheims）受過軍事教育，最後還畢業

---

1. 譯按：本文參考下列資料：
   1. "Gen. Le Gendre Dead," *New York Times*, September 3, 1899.
   2. Samuel Stephenson (edited by Douglas Fix), "Charles William LeGendre," http://academic. reed. edu/formosa/texts/legendrebio.html.
   3. Harold M. Otness, *One Thousand Westerners in Taiwan*, Institute of Taiwan History, Preparatory Office Academia Sinica, 1999.

於巴黎大學。1854 年 10 月 31 日，李仙得 24 歲，與謬拉克（Clara
Victoria Mulock）在比利時布魯賽爾結婚；其岳父爲紐約知名律師。婚
後他搬到紐約，並歸化爲美國公民。

　　1861 年美國內戰爆發，李仙得逐漸介入美國軍事。起初，他協
助招募紐約第 51 志願步兵團（北方聯盟 Burnside 將軍海岸師下屬的團部），
並在 1861 年 10 月 29 日被任命爲該步兵團的少校。李仙得參加了北
卡羅萊納州戰役，且是 1862 年奪取羅諾克島（Roanoke Island）之役的
參戰人員，曾獲得美國政府褒揚。1862 年 3 月 14 日，他在北卡羅萊
納州新伯尼（New Bern, North Carolina）戰役中，下顎和脊髓中彈受到重
傷，被表揚爲「率先英勇出擊，直到受傷倒下」。

　　儘管遭受重傷，李仙得還是繼續服役，並在 1862 年 9 月 20 日
晉升中校。1863 年，被指派到第九軍團，參與許多場戰役；1863 年
3 月 14 日升階上校。1864 年 5 月 6 日，李仙得在葛蘭特（Grant）將
軍領導的第二次維吉尼亞州野地戰役中，傷到左眼和鼻樑。在馬里
蘭州安那波利斯遭南方邦聯李（Lee）將軍軍隊突擊時，李仙得雖然
還在住院治療，仍能指揮軍隊防禦城市。1864 年間，李仙得出任招
募紐約州第九軍團職務，服勤兩個月。1864 年 10 月 4 日光榮退役，
並於 1865 年 3 月 13 日得到褒獎。

　　1866 年 7 月 13 日，李仙得奉派美國駐中國廈門領事。他於
1866 年 7 月離開紐約前往利物浦，然後走陸路通過歐洲、亞洲，終
於在 1866 年 12 月抵達廈門。李仙得的領事職務，管轄五個港口城市：
廈門、雞籠（基隆）、台灣府（台南）、淡水和打狗（高雄）。

　　李仙得就任後，迅速施展他的威權。在 1867 年年初，處理一樁
有關處女號（La Vierge）非法苦力貿易（當時中國南方港口城市常見的交易
行爲）案件中，表現出他的果決行事。

　　1867 年 3 月，美國船舶羅發號（Rover）觸礁失事後，倖存的船員被原住民殺害。李仙得得知後，很快前往福州。1867 年 4 月 2 日抵達後，說服閩浙總督（吳棠）進行干預，並對在台灣的地方官員施加壓力，以便解決善後事宜。福建巡撫（李福泰）批准李仙得前往台灣，並致函台灣知府（葉宗元），予以必要協助，唯附但書稱：「如果領事自行處理該事件，請告訴他不要這樣做，因爲這些野蠻人可能給他帶來更多意想不到的麻煩。」爲了造訪船難現場以及試著（雖然沒有成功）促使台灣府官員有所行動，李仙得搭上費米日艦長（Febiger）指揮的美國輪船亞士休洛號（Ashuelot），於 4 月 18 日抵達台灣府。在美國海軍少將柏爾（Rear Admiral Bell）啟動的懲罰性遠征（1867 年 6 月）失敗之後，李仙得再度回到台灣。這一次沒有知會上司。在台灣期間，他展露美國領事的權威，選派一位副領事進駐台灣北部，參觀雞籠煤礦，並從美國的商人處收集資料。

　　返回南中國後，李仙得說服了福建巡撫派軍前往台灣南部。只是 1867 年 7 月 25 日發派的部隊數目，遠少於李仙得建議的 400 至 500 名兵額。李仙得接著親自要求柏爾少將派遣砲艦，遭到拒絕，最後福州巡撫協助派遣給他一艘志願者號（Volunteer）船艦，前往台灣。1867 年 9 月 4 日出發台灣前夕，他告訴上司說：「我只是去那裡做個旁觀者，我對中國軍隊沒有管轄權。」

　　在深入南台灣漫長而艱苦的行軍過程中（其中有些地方還需要大規模開路），李仙得很快由劉（明燈）總兵手中取得了「事實上的指揮權」（de facto command）。然後，在必麒麟（William A. Pickering）與洪恩（James Horn）兩位先生的協助下，李仙得與卓杞篤（Tauketok）協商一則保障美國和歐洲船難者安全的有效條約；卓杞篤是羅發號發生觸礁所在地的瑯嶠十八社部落酋長。

　　1871 年 9 月 6 日，一艘琉球島民船隻在台灣海岸遇船難，船員被牡丹社殺害。1872 年 2 月 29 日，李仙得前往台灣，希望將先前與卓杞篤簽署的條約擴大包含日本船員。然而這項任務大致上並不成功，結果李仙得與美國駐北京公使鏤斐迪（Frederick F. Low）因而失和。

　　1872 年稍晚，李仙得從廈門前往美國途中，過境日本橫濱。在美國公使介紹下，與日本外務卿副島種臣（1828-1905）會面，遂被延攬到日本外交部門工作。經過一番盤算，李仙得在 1872 年 12 月 12 日辭去美國領事職位，成為天皇遠征台灣計劃的顧問，年薪 12000 美元。隨後，在 1872 年 12 月，他便以二等官的外交官員身份，陪伴日本外務卿副島種臣率領的外交使團前往北京會談。不過，談判會議只得到部分成果。李仙得旋即準備協助日本於 1874 年遠征台灣。不過很意外的，美國總領事以李仙得擅離職守為由，將他在上海關了一小段時間，使得李仙得無法隨隊遠征台灣。雖然他的任務具有爭議性，且未成功，但李仙得仍在 1874 年 7 月獲頒「勳二等旭日重光章」，以表彰其貢獻。他是所有外國人，甚至包含日本人在內，第一個獲得日本天皇頒授此一勳章的人。同年他也退休了。

　　李仙得留在日本直到 1890 年。期間，他曾以私人身份協助日本進步黨黨魁大隈重信（1838-1922）。1890 年 3 月，他離開日本，接受朝鮮內政部（Korean Home Office）的一項職務。稍後，法官丹尼（O. N. Denny）辭職，李仙得取代成為朝鮮國王宮內省顧問，直到 1899 年 9 月 1 日在漢城中風去世為止。他下葬於朝鮮楊花津（Yanghwajin）外國人公墓。

　　Harold M. Otness 在《One Thousand Westerners in Taiwan》中，認為李仙得「可能是西方涉台事務史上，最多采多姿、最具爭議性的人物」。這一評價應可謂公允。

第一章

CHAPTER 1

❖◆❖

羅發號事件

- · 從枋寮到南灣的地形
- · 羅發號船員被殺事件
- · 英美遠征軍與南台灣原住民族的對抗

距離枋寮（Pong-lee）約4英里處，有個漢人與混生[1]居住的小村子加祿堂（Chalatong，今屏東縣枋寮鄉加祿），居民約有五、六百；人數比枋寮少，不過，兩地的住民從事相同的職業。加祿堂由若干竹子和泥土搭建的茅草屋所組成，位在一條湍急的小河河口（率芒溪）岸上；這處河口有時可以停泊非常小的漁船。加祿堂的陸地被中央山脈的陡坡所圍繞；陡坡以馬蹄鐵狀伸向水邊，導致任何進出該村，往來東北或東南的人，都必須跨越它們。這些陡坡屬於率芒社（the Souban tribes）的勢力範圍；加祿堂村民必須向他們納貢。陡坡的砂岩，類似邱苟（Koo-kow，今苗栗縣公館鄉出礦坑）或陶社（Tao-siah，今屏東縣泰武鄉陶社）地區。

跨過陡坡往東南方前進，會遇見一處高原。它緩緩斜向莿桐腳庄（Che-tong-ka，今屏東縣枋山鄉莿桐腳）。本庄住著三、四百名來自福建的漢人及混生。該地屬於牡丹社（the Boutan tribes）管轄；轄區從西海岸延伸至東海岸。從莿桐腳開始，便是南台灣漢人居民所稱的瑯嶠地區（Liang-kiau）[2]。台防廳[3]的管轄區是從枋寮以南的第一道陡坡開始，唯在理論及實務上，山脊兩邊的陡坡都屬於大牡丹社管轄。

1　校註：原文為 half caste。番母漢父所生的小孩，中文官方文獻常稱「混生」，同現代的混血兒，但當時還沒有混血的名稱和概念。

2　譯按：本書所稱「瑯嶠地區」，泛指今天屏東縣枋山鄉，包括楓港村、善餘村、枋山村與加祿村等地區。根據《台灣地名辭書》的記載，枋山村位於古名「率芒溪」的士文溪以南，是排灣族中部排灣 Paumamaq 群及南部排灣 Chaobolbol 群原住民的領域。此地區位於屏東平原前往恆春地區的陸路必經要道，然而早期漢人甚少涉足；自荷治、明鄭乃至清初，前往瑯嶠地方多由海道。地處恆春半島西北端的枋山村，中央山脈至此逼近海岸線，為潮州斷層延伸的結果，因此海岸低地狹窄，僅容屏鵝公路通過，往往公路東側為山壁，西側即為波濤拍打的海岸。全境只有在士文溪、南勢湖溪、枋山溪及楓港溪等東西向河川注入台灣海峽處，才擁有較寬廣的沖積平原，而成為主要聚落所在。

3　校註：台灣府海防兼南路理番同知。

對此，我稍後會再做進一步描述。枋寮東南邊的率芒社、牡丹社，以及枋寮東邊聚落，和邱苟、陶社及本島南端的原住民長相差異甚大。他們很可能最初來自菲律賓，稍後征服島上的原住民。當年荷蘭人肯定和他們打過交道，因為整個海岸，遠達西南岬外的南嶼（'t Zuyder Eyland，今貓頭鼻），都曾出現荷人仔細測量水深的記錄[4]。

↑ 森丑之助在 1904 年所拍攝的牡丹社男女（引自《生蕃行腳》）

4 原註：參見布萊瑪（Van Braam）繪製的 1635 年台灣港口及其鄰近地區圖。

　　距離莿桐腳東南約 5 英里是楓港（Hong-kong，今屏東縣枋山鄉楓港）。據說著名的國姓爺鄭成功的妻子，就埋葬在這裡。楓港和北邊的莿桐腳以一道全由砂岩構成的陡坡相隔。跨過第一道陡坡後，也可以在莿桐腳附近的海邊看到這類石板。楓港幾百名村民多是來自福建的漢人與混生。有人告訴我，某條流經楓港的小溪（楓港溪）所形成的溪谷，以盛產全島最好的米著稱。楓港之東北、東邊及東南，住著好幾支原住民部落；楓港居民必須對他們效忠並按期進貢。這些原住民是大龜文（Takoubouns）、射不力（Sapoulais）、姑仔用（Qunans）及高士佛（Kousa Kouts）部落。我聽說他們都是牡丹社的分支。從楓港到車城（Chasiang，今屏東縣車城鄉車城）的直線距離是 6 英里；兩地間的通道位在中央山脈的西側坡，傾斜度並不大，不像枋寮到楓港間的道路那麼險峻難行，因此走來並不會太累人。這裡的山丘是由砂岩構成，可是在河口處，我找到板岩和石英的卵石；在北部的其他地方也有石英，混在砂岩和板岩中。

↓　邱苟的原住民（引自《Notes of Travel in Formosa》）　　　　↓　陶社的原住民及其石板屋（引自《Notes of Travel in Formosa》）

　　雖然枋寮到車城之間的距離不遠，直線距離不超過 20 英里，但要好幾天才能走到，因為該地區多山，路隨著山轉，蜿蜒不已。我早上八時離開枋寮，當天晚上六點抵達莿桐腳，然後再走一天才到得了楓港，再走第二天才到得了車城。

　　車城，在地圖上也叫瑯嶠，位於瑯嶠灣所形成的弧形之遠端，約有兩千五百個住民，多數是福建移民。居民耕種土豆、稻米、地瓜及少數甘蔗，也從事漁撈，並和原住民做交易。布萊瑪（Van Braam）[5] 的地圖上並無標示車城；但耶穌會教士馮秉正（Mailla）[6] 及德瑪諾（Henderer）[7]，以及 H.B. Ingenieur de la Marine [8] 等人繪製的地圖上，車城標名為沙馬磯頭（Chama-Ki-teon）。後一張地圖顯示，沙馬磯頭在 1712 年是中國移民住居該島的最南端地區。博學的耶穌會教士可能不知道荷蘭人所發現的事；在他們製作的地圖上，沙馬磯頭以南畫了一條虛線；此後則是高山環繞，沒有海岸線。我想這是表示當地很蠻荒，誰也無法提供任何道路的可靠資訊。荷蘭人雖然發現到沙馬磯頭以南或島嶼東岸的若干聚落，卻未曾直接統治，也未與那些地方的居民建立任何政治關係。最可能的情況是，荷蘭軍隊曾路過這些地方，就像摩尼葉（La Moriniere）所說的那樣；或是某些探險隊曾造訪此地，稍後再轉述荷蘭人知曉。[9]

5　校註：17 世紀荷蘭東印度公司著名製圖家。

6　校註：J.A.M. de Mailla (1669-1748)，法國耶穌會傳教士。

7　校註：Roman Henderer (1669-1744)，法國耶穌會傳教士，著名繪圖家。

8　校註：可能指 18 世紀法國海洋製圖專家。

9　英編按：李仙得似乎是指摩尼葉對台灣的描述，出自 Melchisedec Thevenot, *Relations de Divers Voyages Curieux* (Paris, 1663-1672)。

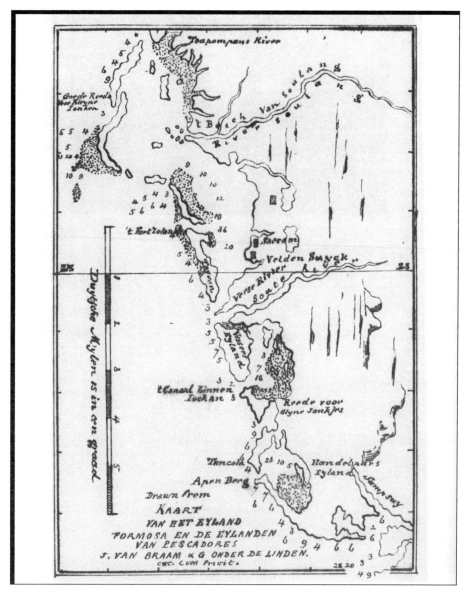

↑ 布萊瑪（Van Braam）繪製的 1635 年台灣港口及其鄰近地區圖（引自《Notes of Travel in Formosa》）

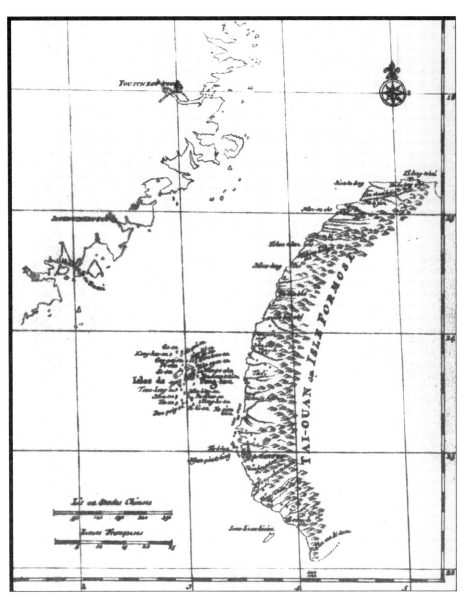

↑ 18世紀初耶穌會教士馮秉正及德瑪諾繪製的台灣地圖（引自《Notes of Travel in Formosa》）

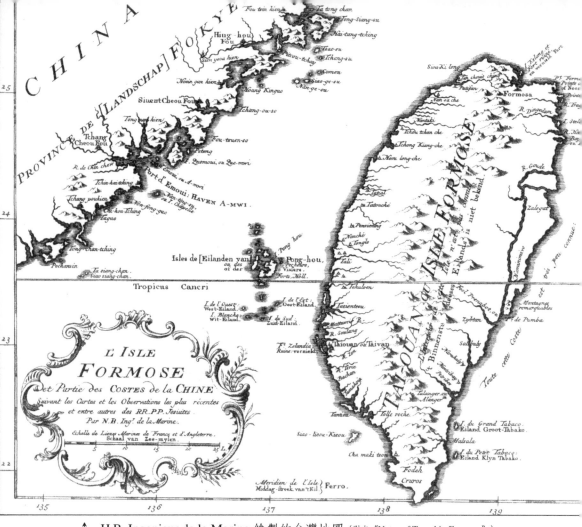

↑　H.B. Ingenieur de la Marine 繪製的台灣地圖（引自《Notes of Travel in Formosa》）

　　車城是島嶼最南端的漢人聚落，同時也是東港（Tang-kang，今屏
東縣東港鎮東港）以南唯一不屬於原住民管轄的聚落。加祿堂、莿桐
腳、楓港等地的屯墾移民，在小湍流的河口處落腳；他們在小湍流
所形成的小而窄的溪谷裡耕作，栽種勉強糊口的作物；墾民必須向
原住民進貢，而在貢品滿足原住民所需之下，他們拒絕墾民擴展到
鄰近山丘的要求，形成聚落無法擴張的現實障礙。原住民強悍地盤
據在溪谷四周高起的山丘上，準備擊退任何由海面入侵的企圖。

車城的墾民則沒有這些限制；此地往西北、往南，不是廣闊山谷，就是矮丘。因此墾民生產的糧食足以養活數千人。萬一他們與原住民發生衝突，後者也沒有制高點可用；瑯嶠灣很寬，東北季風時期，平底帆船（junk，通稱戎克船）能夠輕易進出。車城人發現他們的地理優勢，於是向大陸呼朋引伴，一時增加許多移民。他們引進小型槍械，雖然原住民也有類似武器，更夾帶火砲；這玩意原住民就沒有了。原住民抗拒不了墾民的擴張，逃進山裡；這些墾民便留在平地，繼續耕種過日，阻止他們發展的唯一障礙，僅剩下中央山脈了。山脈在車城以北 1.5 英里處延伸入海，形成瑯嶠山谷東邊的自然界線。他們在這些山脈之南獲得一塊長約 1.5 英里的新土地。車城人盡情的開墾，該地原來的主人從不下山騷擾他們，除非發生什麼新的事件。但雙方若逮到機會，就會你殺我一個、我殺你一個，每年都有很多死傷。

車城以南的屯墾區，無論住的是混生或漢人，都得向原住民納貢；每一百袋米要捐三袋。除此之外，他們就完全獨立，不受干擾。在聚落內部方面，墾民有一套自設的管理規則，以父權家長制為基礎。他們在對外關係上的唯一限制，就是原住民對該地域的主權及所有權。

瑯嶠山谷平均約長 8.5 英里，寬 1.5 英里，直到南灣（Kwaliang Bay）之頂。那裡有道兩千英尺[10]高的山脊，是中央山脈的最南段，形成山谷的東南界限。在這裡，連接著一片高原，以及一道 10 英里長、平均 300 英尺高的狹窄山脊，構成山谷的西方界限。這道山

---

10 譯按：一英尺等於 0.30480 公尺。

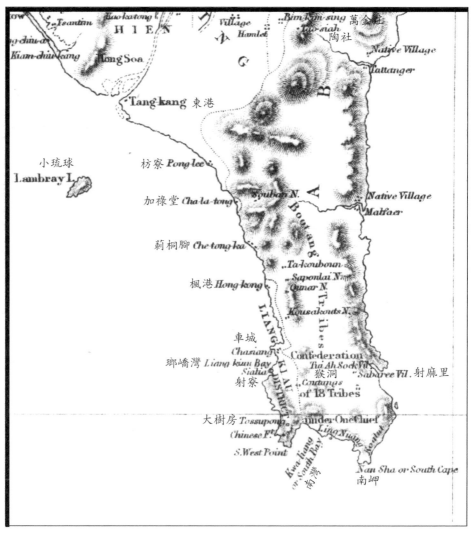

↑　台灣南端略圖

脊起於瑯嶠灣南面，止於馬鞍山（Mah-han-san，今屏東縣恆春鎮馬鞍山），
形成南灣的西界及北界。車城以南 2 英里處，有條小溪（射寮溪）穿

過山谷，一路向南，在射寮（Sialiao，今屏東縣車城鄉射寮）入海。山
脊以北的部分，如猴山（Ape's Hill，今高雄壽山）那般，是隆起的珊瑚
礁表面鋪砂；山脊以南的部分，靠近大樹房（Tossupong，今屏東縣恆春
鎮大光）處，則露出和陶社（Taosiah）或萬金庄（Ban-kim-sing，今屏東
縣萬巒鄉萬金）相似的砂岩。該山脊止於大樹房以南 1 英里處。那裡
有塊巨大的珊瑚石，構造和猴山所見類似。射寮東南 3.5 英里處，也
有一塊類似的巨石，從山谷中拔地而起，約 40 英尺寬，50-60 英尺高。

瑯嶠山谷西邊的山脊，住著來自福建的墾民。他們可能在四十
年前或五十年前移民到此；經過和原住民大量通婚，以致混血後代
占了人口的重要比例。山谷中住著三類人：來自福建的墾民大多在
山脊底部開闢農地，佔據山谷西側的狹窄地域；客家人（Hakkas）通
常聚居在山谷中央；平埔番（Peppos）則散居山谷東側，形成中央山
脈山腳下的聚落。前面提過，中央山脈是瑯嶠山谷的東界，再往東
2-3 英里的直線距離，到處群山林立，都是原住民的獵區；原住民
就散布在獵區與東海岸之間。

山脊上的墾地，只有射寮與大樹房兩處值得一談。其中較重要
的是射寮。如前所述，射寮位於車城以南 2 英里，住民約五百人，
大多數是混生。男性相貌堂堂，女性身強體健，但外表鄙俗，不具
吸引力；無論男女，都比較像是原住民；我相信不出兩代，漢人的
成分將完全被原住民成分蓋過。這種情形很值得注意。菲律賓的混
血兒（Mestizos）[11]，據說身上的漢人特徵，經過許多代依然保存不
變；這點有助於釐清台灣原住民的起源。射寮的居民從事柴火及原

---

11 譯按：西班牙統治菲律賓時期，對於父親為漢人、母親為菲律賓人之混血兒的稱呼。

住民物產的買賣。柴火部分來自原住民，部分來自射寮以南、西海岸邊的叢林；這些木材是出口到台灣府（Taiwanfoo，今台南）的重要物品。很遺憾的是，那條流經射寮的小河河口正在快速淤積中。在1867年，還可看到大型戎克船在那裡下錨；到1869年，也就是僅僅兩年後，退潮時已成一片沙洲。我發現整個海岸線從南到北都有這種淤積現象，其成因我已解釋過[12]。小河淤積的速度很快，除非它能在射寮以北另覓出海口，否則整個瑯嶠山谷遭泥沙堆滿的時日不遠矣，屆時所有農田都將被淹沒，淪為像萬金庄附近及其他更北地方那樣的廢地及荒野。假使這種情況真的發生，甚至連客家人在六龜里（Lakuli，今高雄市六龜區六龜）和萬金庄所辛勤建造的攔砂壩，也無際於事。

從射寮到大樹房的道路，大部分是沿著山脊底部走；其中有寬路可供牛車通行。許多像打狗（Takao，日治稱高雄）附近所見的那種牛車，就在上頭來來往往。眾多農家和大榕樹使沿途景緻多樣化。夏天時，旅客能在樹蔭下稍歇乘涼。位在道路之左的瑯嶠山谷，每處都有人耕作；在肥沃度與一般景觀上，稍不同於阿里港（Ah-lu-Kang，日治簡稱里港）或萬金庄附近的農地。儘管土地肥沃，但這裡的人口實在太密集，以致於他們的生產除了進貢給原住民外，都留做自己消費，沒有外銷。主要產物是米、土豆、地瓜、甘蔗和少許的苧麻。在各處或高或低的避風地，還可以看到野生的橘子、香蕉，以及一種味如梨子的獨特水果。在抵達大樹房前約1.25英里處，有一座水質甜美的小湖（龍鑾潭），盛產各種好魚。

------

12 譯按：本書未選錄這部分。

↑ 射寮一景（引自《Notes of Travel in Formosa》）

↑ 射寮及遠方的山丘（引自《Notes of Travel in Formosa》）

　　大樹房是許多農舍聚集之地，還稱不上是個村庄，由住民公推一名首領或頭人統理事務。他們和北邊的鄰居——原住民，保持密切的聯繫，娶原住民為妻，和原住民做生意，在各方面協助原住民。大樹房的男人不是打獵，就是捕魚，而他們的原住民妻子則沿襲原有的勤勞習慣，鎮日忙於耕種及照顧家中大小事情。

　　大樹房最近的鄰居——客家人，除了從商也耕種，他們比較多才多藝；福建移民與平埔族就沒有那麼多本事，原住民則顯得更無知。客家人的農庄散落在山谷中，但他們主要在保力（Poliac，今屏東縣恆春鎮保力）聚集。這個小村子距離射寮約 1、2 英里。他們在保力製造少量的槍枝，賣給原住民；當地也貯藏著彈藥，那是他們以原住民產物，和車城的中國進口商交換而來。保力有眾多喬裝密探深入山地，駐在當地，替未來更大規模的往來與交易打基礎。

　　瑯嶠山谷的平埔番沒有什麼特徵。他們最重要的墾區是車城東南邊的猴洞（Koo-tang，今恆春），位在山谷東界的山丘腳下。在猴洞這個地方，我依據當地頭人阿三（Assam）[13] 提供的訊息，測量好幾個地方的方位。根據他的指引，我測得車城在西北 36 度，射寮在西北 50 度，射麻里（Sabaree，今屏東縣滿州鄉射麻里）則在東北 88 度；射麻里是另一個平埔族聚落[14]，位在原住民地域上。當時是 1869 年 2 月末，早上六點，屋外溫度是華氏 70 度，但把溫度計放到 20 英尺深的井水裡一量，就變成華氏 76 度。在同一地點同一小時，氣壓計顯示是 30.275 度，但穿越山谷、爬上山脊，在靠海的那一面，

----

13 英編按：Chen Asan 陳阿三，猴洞的頭人，見水野遵《台灣征蕃記》，第 262、269 頁。

14 校註：射麻里聚落，亦稱射麻里社，屬於台東卑南族移民到瑯嶠地區的「斯卡羅族」，形成所謂瑯嶠下十八社。傳統上，歸屬豬勝束社頭目管轄。他們應該屬於卑南族後裔，不是平埔族。

早上十點四十五分，氣壓值就降到□□ [原稿空白]；下到山脊靠海那面的海水邊，十一點三十分，氣壓值升到 30.1120。很遺憾我無法提供不同地點在同一時間的溫度值。假如有此數據，就可以算出不同地方的海拔高度。

只有在東北季風期間，帆船才能在馬鞍山東邊 3 英里的南灣勉強下錨；等到東南季風來到，風就直接灌入南灣，無法停泊。進入該灣時，所見的陸地非常壯觀，地勢起伏；有些地方還高達兩千英尺。平滑茵綠的層層山頂，突然緊接著各式各樣高聳的珊瑚石峰。從瑯嶠乘戎克船而來的商人，和原住民進行大量的木材交易，他們在原住民稱為大板埒（Toapangnack，今屏東縣恆春鎮石牛溪）的河口裝載木頭。該河在兩塊奇形怪狀的珊瑚礁岩之西入海。這兩塊珊瑚礁岩狀似拉長的圓錐形，我管它們叫做「針岩」（Needle Rocks）。站在車城正北偏西 81 度約 50 碼之外的海邊守望塔上，可看得清清楚楚，「針岩」與該塔的直線距離是 9 英里，方位在正南偏東 36 度。在這兩塊「針岩」前方，還有另一塊構造相同的礁岩，狀似三角錐，位在山丘之頂；其下的山丘密布灌木林叢。當地原住民稱作龜仔用鼻山（Koalut Rock）。近年來，這一部落以殘暴對待船難人員而舉世聞名。從龜仔用鼻山起，往東南延伸，就是長而低低隆起的南岬（South Cape，今鵝鑾鼻）。

龜仔用鼻山對面 12 英里處，有一群相互分離的礁石[15]；它們或

---

15 譯按：即七星岩。《日本海路誌》云：「係在鵝鑾鼻至南西九浬處間之孤立岩的一團，佔地長約一浬，或露出，或隱沒。其中最高的二岩，於北微西與南微東相對時，其高十五呎乃至二十五呎，此簇岩附近水深十七尋乃至五十尋，但僅其南東面半浬處為十九尋。此簇岩與台灣南端間之水道難安全，但時而全面發生強烈的激湍，其狀恰似淺灘上的破浪。」（轉引自張德水著，《台灣政治、種族、地名沿革》）

↑ 南岬（引自 http://academic.reed.edu/formosa/gallery/image_pages/Other/SCape-SouthCape_B.html）

在海面下、或等齊海面、或在海面上。其中最高的礁石在 5、6 英里之外可以看見。這些礁石與島嶼南端之間的海峽是安全的，但附近浪頭忽高忽低，不斷往南灣西側隆起的礁石群撞去，即使其他海域風平浪靜，這裡依舊波濤洶湧；在此行船令人不安，屢至險狀。有時候，浪頭衝得非常高，就好像巨浪憤怒地拍打危險的沙洲。這種浪並不像有些人主張的，純粹是由逆向潮流造成，反而是由連綿的海底火山湧出的大量暖流所造成。可能這些火山以南、接近菲律賓的其他火山也湧出暖流，兩者一起形成黑潮（Kuroshiwo），向北遠達美洲大陸的西北端。黑潮沿途經過不同國家的海岸，為這些國家帶來濕熱水氣，甚至讓緯度較高的國家具有熱帶性氣候。此項主

題相當有趣，值得航海者注意。當船隻通過這海峽時，假使船上官員能夠在海峽內與海峽外的不同地點與深度測試水溫，越北越好，那就是在為科學服務了；海員們感到興趣的很多問題，都可以藉由這種調查而獲得答案。

1867 年年初，台灣南端上演了一樁悲劇，震動了當時的政治圈，與此相關的情況值得記錄。事情是這樣的：1867 年 3 月 12 日，美國籍的三桅帆船羅發號（*Rover*）從汕頭（Swatow）開往牛莊（Newchwang），在七星岩（Vele Rete Rocks）觸礁，杭特船長（Captain Hunt）被迫棄船；他和船上的船員分成兩組，搭乘小艇逃生。船長和其夫人及大副、三個中國人乘坐一艘小艇，另一名大副及七個中國人乘坐另一艘小艇，向北划行，但當夜兩艘小艇分散了。經過十七個鐘頭的划行後，第一艘小艇終於看到陸地，他們在龜仔用鼻山對面的小海灣登陸，坐在沙灘上。這時有個原住民婦人也在沙灘上，杭特船長夫人就給了她一點錢，以手勢要她帶人來嚮導他們去車城。這位原住民婦人，看來是龜仔用社人，嫁給龍鑾社（the Ling-nuang tribe）的土著；龍鑾社盤踞在龜仔用之西，當時形成南灣的東北界。無疑的，婦人根據身為龜仔用社人的直覺，並沒有去請嚮導，而是直接入山，請龜仔用社人下來殺害並搶劫這夥遭船難的人。這些原住民不諳西方習俗，沒有從杭特船長夫人的服飾看出她是位女士，而是從她給了原住民婦人錢去找嚮導這事，推斷她是個男的，是一行人的首領，所以直接以矛刺擊她，稍後又拔劍殺了她。但是要割下她頭的時候，他們發現她是女的，不值得動手。他們因殺錯了人而生氣，就把她的屍體丟在原處。事件後不久，才由兩個土著婦人來收屍，把她埋在他們村庄附近的一棵樹下。杭特船長及他兩

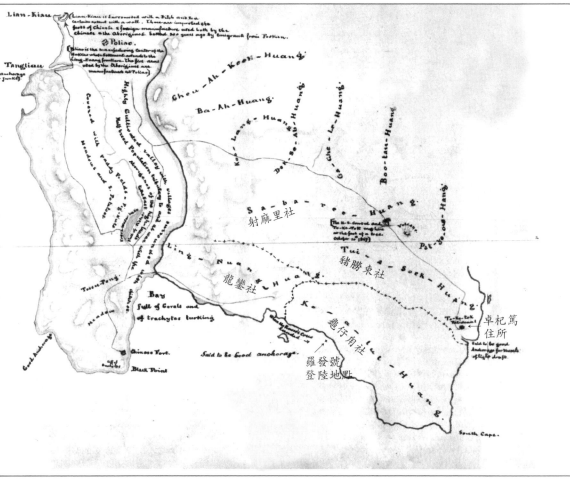

↑ 李仙得呈報給上級的羅發號事件地圖（引自《Notes of Travel in Formosa》）

名白人同伴看見船長夫人倒地，便起身保護她，結果也全被原住民
殺害了[16]。

....
16 原註：我是在 1867、1869 及 1872 年與原住民的數次談話中得知這些訊息的。

　　同船的中國人，也都死在杭特船長的旁邊，只有一個例外。他在灌木林射出第一陣槍聲後的混亂中，設法逃脫了。他一直藏身到黑夜，才翻山越嶺到了車城；六天後乘坐舢板到打狗[17]。

　　此時，伯洛德艦長（Captain Broad）指揮的英國皇家海軍輪船科摩輪號（*Cormorant*）剛好停泊在打狗。他一得知這樁屠殺案情報，就立刻決定把船開往南邊的海岸；如果可能的話，要贖回那些還存活的船員。

　　3月25日早上，科摩輪號從打狗出發，船上還有英國代理領事貫祿（Carroll）及打狗的萬巴德醫師（Dr. Manson）等志願加入者。科摩輪號先在瑯嶠下錨，派人寄送一封懷柔的信息給土著，希望贖回存活者。他們也費了好大的功夫、並承諾優厚的報酬，才說服一個懂土著方言的漢人來做通譯。下午四時許，科摩輪號在台灣最南端的海灣下錨，看見沙灘上有逃生艇的殘骸。那群不幸的船員就是在此登陸的。

　　由於他們希望信差有多一點時間向土著報告，不要讓土著嚇到，所以整個下午都沒有人登陸。26日早上九點，救生艇、小艇、快艇奉命準備。救生艇上有伯洛德艦長、貫祿領事及當地通譯；小艇上有馬西雅斯上尉（Lieutenant Mathias）和外科醫

17 英編按：此處引述的文件提到下列參與者：英國海軍艦長 George D. Broad、英國駐台灣府（台南）代理領事 Charles Carroll、先後在打狗（高雄）及廈門長期居留的 Patrick Manson（李仙得在 1874 年想徵召他當卑南嚮導，協助日本遠征軍）、海軍上尉 Edgar R. Mathias、代理醫師 Leonard Lucas、海軍上尉 Harry L. Rider。參見美國國務院，《美國外交通訊，1867-68》（*Diplomatic Correspondence of the United States, 1867-1868*），1：497。

師路卡斯（Dr. Lucas）；快艇上有萊德上尉（Lieutenant Ryder）和
萬巴德醫師。前兩艘先划到羅發號逃生者登陸的沙灘，第三艘
則停在離沙灘約 30 碼處，奉命進行戒備，提防可能的攻擊舉
動。局面看來平靜，除了離沙灘 300 碼的小丘之外，見不到一
個土著。沙灘的另一邊出現幾隻沒人看管的水牛。馬西雅斯上
尉率先跳上沙灘，伯洛德艦長隨後跟上。此時叢林有兩處傳來
尖銳槍響，離他們不到 20 碼，但因沙灘地形起伏，槍火並未
傷及救生艇和小艇。

　　從敵人的滑膛槍所冒出的火煙，只能估計他們所在位置，
但因他們藏在濃密叢林中，無從判斷確實地點。由於敵暗我
明，勝敗立見，伯洛德艦長明智地決定不拿部屬的生命冒險，
不要進入叢林追擊看不見的敵人。他命令救生艇和小艇撤退，
由快艇進行掩護；快艇不斷發出槍火，傳回土著淒慘的叫聲。
然而，土著快速向兩艘艇船發射子彈與箭矢，擊中幾處；其中
一粒子彈從救生艇的兩側穿過，離伯洛德艦長和賈祿先生椅座
只差幾英寸。同一條艇上，一名海軍士兵準備射擊時，被打到
槍托。

　　從現況看來，「羅發號」船員顯然已經罹難，此時除了
對謀殺他們的土著施加懲罰外，已別無他法。回到科摩輪號之
後，他們立刻朝冒出灌木叢林的土著發動砲擊。果然，一大群
土著逃離原來躲藏地方，匆忙爬上後頭的山丘。前面那兩處開
槍地點，應該藏了不少於五十個土著；我相信整個海灣都佈署
著其他土著，水牛只不過是誘引船員上岸的餌罷了。[18]

....

18 原註：1867 年美國外交通訊，〈Allen 致 Seward，1867 年 4 月 7 日〉，第 20 號，內有香港《中
　國郵報》（China Mail）4 月 6 日相關報導的摘錄，由一名目擊證人敘述伯洛德艦長指揮的這場
　征討行動。

↑　英艦科摩輪號與台灣原住民間的戰鬥（引自 http://academic.reed.edu/formosa/gallery/image_pages/LondonNews/ln50p600conflict_B.html）

　　我一聽到此事，立刻搭乘費米日艦長（Captain Febiger）[19] 指揮的美國輪船亞士休洛號（*Ashuelot*）前往台灣，以便調查案情。我拜會島上的民政及軍事當局（台灣道台和台灣鎮總兵），但他們婉拒美國海軍協助懲處土著，不過，卻承諾已經著手，準備立即加以嚴懲（1867年4月19日）[20]。同時，我決定實地訪查案發地點，一來確定中國官

19 校註：John C. Febiger，美國海軍艦長。李仙得文件中稱費米雅，清代官方文獻稱費米日，亞士休洛鐵兵船總兵官。
20 英編按：參見〈劉明燈總兵、吳大廷道台、台灣府知府致李仙得將軍，1867年4月19日〉，收錄在美國國務院，《美國外交通訊，1867-68》，1：493-494。

方是否信守承諾，二來蒐集必要的情報，以便日後美國亞洲艦隊司
令判斷中國官方沒有懲罰行動，決定親自報復土著之際，可以派上
用場。因此，在閱歷豐富，並從1854年起即多次參與中方事務的
費米日艦長陪伴下，我花了十天，勘察車城和南灣四周；轉回廈門
後，我們深切相信，唯有依賴強大武力為後盾，謹慎地和這些原住
民進行協商，才能改變他們對待外國人的方式。我們認為，鄉間遼
闊，難以深入；如果未能取得住居西海岸的漢人和混生的協助，外
國勢力絕不可能單以武力逼迫原住民就範。他們供應原住民所有的
彈藥及軍需品，以及其他大量的補給。這兩大族群因互利而結合；
如果西海岸居民在中國政府的壓力下——官方可從海路襲擊他們沿
岸所有據點——能夠出面勸告原住民停止對外人的暴行，那麼，這
大片充滿敵意的海岸才可能出現和平與秩序。因此，假若外國勢力
沒有得到西岸住民協助之前，就企圖降服原住民，他們不僅注定失
敗，而且會遭受嚴重挫折。基於這些考慮，我請求（美國駐紮亞洲）
艦隊司令[21] 共同執行上述計畫；費米日艦長也贊成我的想法。不過，
司令沒有接受我的建議。同年6月初，他決定親自率領艦隊前往原
住民地域，執行中國政府未能做到的懲兇工作。

戰艦的小型部隊可以利用三種途徑進行登陸：第一種就是前述
伯洛德艦長選擇的，在龜仔用鼻山前方登陸；第二種是在白砂（Pah-
soa，今屏東縣恆春鎮大板埒）登陸；在此停泊比在龜仔用鼻山更佳，原
住民也看不到登陸部隊。此處還可以輕易地從附近的大樹房延請熟
悉道路的嚮導帶往龜仔用社；不過，要讓大樹房的住民聽從指揮，

---

21 英編按：柏爾（Henry Haywood Bell），美國亞洲艦隊少將司令。

要不就是佔領它（它完全無法抵抗登陸部隊），要不在村莊北方架設砲台，強加屈服；第三種是在**豬勝**束港（Tuillassockang River，今港口溪）河口登陸，這是東海岸南邊第一條河流；小船可以在此停泊，那裡全無灌木林，都已開墾成田地，當地還有車路可供軍隊和大砲通行。靠近這條河的河口就是原住民地域的最要緊聚落；鄰近另有兩個村莊，在龜仔用社人遭逢西邊武裝勢力壓境之際，可當臨時避難場所。我的計畫便是，在兩個地方登陸；一是從白砂，派出一百名士兵，另外加上一小組海軍陸戰隊；後者以武力控制大樹房庄；其餘士兵則以環繞南灣的高崖做為掩護，前進龜仔用社。等這支部隊深入敵區，控制已經清除樹木或雜林的地方，另一支兩百人的部隊，可在大樹房嚮導的帶領下，直搗**豬勝**束河，火燒原住民部落，那時部落中應該全無戰士了，因為他們都已調動抵抗來自西邊的進攻。當這項任務完成，土著轉身準備回到部落救火時，這組人就可回到船上；前述的第一支部隊則趁機趕回大樹房。依照這個計畫，兩組人馬都能夠在有道路的地域展開行動，而且能完全避開在龜仔用鼻山登陸會遇到的障礙，無須付出嚴重代價就能完成任務。一旦敵人遭受如此嚴厲的懲罰，不出兩天，他們就會請求大樹房庄民代為求和。

費米日艦長和我所見類同。因此，當我們從南灣回去後，他便向艦隊司令上呈機密報告。當中，他建議可央請我的朋友、洋行派駐台灣的代理商必麒麟（William A. Pickering）[22] 代為協助；此人通曉全島西部，包含從車城到大樹房的漢人與混生所說的漢語方言，能夠蒐集執行這項計畫所需的一切情報。可是很奇怪，艦隊司令並

---

22 校註：清朝官方文件稱為北麒麟。

未採用費米日或我的勸告；他計畫遠征時沒有找我們商量，前往南灣時也未帶我們隨行。雖然他曾詢問英國駐打狗副領事賈祿先生、萬巴德醫師、泰勒先生（Taylor）、必麒麟先生，以及一兩位伯洛德艦長3月登陸時在場的人，但他完全聽不進後者的建議，雖然這是最能夠幫助他的人。他完全接受賈祿先生的指引；然而，儘管這位先生願意幫忙，但他對台灣的地形一無所知，最多只能告訴他伯洛德艦長企圖登陸的地點罷了。但值得記上一筆的是，當艦隊司令很不幸地決定軍隊在同一地點登陸時，賈祿先生勇敢地和上述四位同胞，冒著槍火，率先在士兵之前邁進敵境。

就像料想中的一樣，這支遠征軍遭敵人擊退了。其中一隊人馬在龜仔用鼻山西方登陸，因為迷路，無法和另一隊在龜仔用鼻山對面沙灘登陸的人馬會合；他們在炎熱的赤道豔陽下前進；許多人中暑了，卻還是快速登上了山頂。在山頂附近，一名勇敢有為的年輕人——麥肯基上校（Capt. McKenzie）[23]，領導這隊人馬進行攻擊。上校覺得，既然已在這個困頓地點登陸，再遲疑不進攻，反而會使野蠻人更加堅毅大膽地抵抗；越晚攻上山頂，就會有越多弟兄中暑，拖在隊伍後頭，被叢林後的槍火射中，遭敵人斬首；他沒有命令又不肯撤退。於是，他以手勢和叫聲讓弟兄們跟上來，以少見的英勇，衝向敵陣。這時，叢林中響起一陣精準的槍火，一顆子彈正中這位勇敢年輕軍官的心臟，幾乎使他即刻斃命。副指揮官目睹此景，覺得再向前衝只會使全員覆滅，便下令撤退。這隊人馬有條不紊地後

---

23 譯按：麥肯基的頭銜不一致，出現過上校（Capt.）、少校（Lieut.-Commander）、上尉（Lt.）等稱呼。

↑ 柏爾司令遠征南灣（引自 httpacademic.reed.eduformosagalleryimage_pagesOtherFormosa_Pirates_ B.html）

退，還帶回所有中暑的弟兄，以及剛陣亡的年輕軍官的遺體。柏爾司令（Admiral Bell）在一封 1867 年 7 月 17 日寫給我的信裡，對原住民的戰鬥方式，有如下敘述：

　　……我們的船隻停泊後，野蠻人就按十人或十二人一組，帶著滑膛槍聚集在山頂，在 2 英里之外仔細戒備。等到我們的軍隊衝進他們的叢林時，他們才開始行動。野蠻人下山迎戰，狡滑地引誘我們，處處埋伏，每次狙擊後必然撤退。他們的武器是閃亮的滑膛槍，不見任何人手持弓箭。這些人赤身裸體，

只纏著腰布，身上漆著紅彩。他們有一塊塊小耕地，每塊耕地旁都築有茅屋；他們有公牛，我數了數，有十四隻在沙灘上吃草。

因此，這些土著跟漢人所想像的非常不同。他們以為原住民只是難以獵捕的未馴野獸，但實際上，原住民比這些人所描述的還可怕。

第二章

CHAPTER 2

———◆◇◆———

清軍南下

· 我採取行動，協同中國當局，準備綏靖南台灣

　　聽到我方軍隊被擊退，發現他們犯下可悲的錯誤後，我就寫信給柏爾司令，請他撥出一艘砲艦，讓我去台灣勸服中國人執行我在前面所描述的計畫，以便平撫南灣鄰近的野蠻人聚落；我確定這個計畫符合美國政府及其駐北京公使的觀點。[1]同時我向司令證明，業已取得閩浙總督（吳棠）的諾許。但司令回覆如下：

美國旗艦「哈特福號」（*Hartford*），上海，1867年8月20日，
致美國廈門領事李仙得將軍
閣下：
　　很榮幸收到您1867年7月30日從中國廈門寄來的信，其中附帶您從福建巡撫處接到的公文，以及美國駐北京公使的公文摘要。
　　很遺憾的，我現在無法調撥一艘可資前往台灣的船艦，因為部分船隻正準備回返美國。
　　我很高興聽到殖民南灣的計畫[2]，不過，從台灣道台（吳大廷）的敷衍，可以看出福建巡撫的命令亦無甚助於此項計劃。
　　謹此致意

美國亞洲艦隊少將司令　柏爾[3]

1　英編按：李仙得在此寫下一則很長的附註，包括幾則外交記錄的摘要，請見附錄一。

2　譯按：此處不是指美國有殖民南灣的計畫，而是指李仙得向清朝所提議的，由清朝在台灣南端設立軍營的計畫。參見 Douglas L. Fix、John Shufelt 編，《Notes of Travel in Formosa》，第261頁。

3　英編按：〈柏爾致李仙得函，1867年8月20日〉，收錄在〈李仙得致西華函，1867年9月4日〉（美國駐中國廈門領事館領事報告，1844-1906，M100，roll 3）的第35號附件。

↑　李仙得在台灣府的住所，之一（引自《Notes of Travel in Formosa》）

　　接到這封信後，我前往福州（Foochow），說服巡撫調遣一艘我方少將不願撥出的戰艦。9月3日，為了供我使用而全面整修的輪船「志願者號」（*Volunteer*）停泊在廈門；第二天早晨，這艘船的指揮官到訪領事館，通知該船由我支配。可是同一天下午五點，我前往該船途中，卻遇見一名通譯及該船指揮官行色匆匆地表示，福建巡撫下令只能直接載我到打狗；不但如此，廈門的中國將軍還要陪同我去，因此，這艘船將延遲到次日的十二點才啟航。這一情形，不是當天早上該船指揮官探訪時所說好的，不禁讓我心生懷疑其中有詐，因此趕緊上船。

　　登上船後，我要求官員看看巡撫的命令，其中並沒有說我需要中國海軍或其他官員的同意才可以啟航。公文明示我可以指揮這艘

輪船航向台灣，而不是限定打狗或其他指定的港口。於是我堅持立刻啓航前往台灣府，以那裡做爲首站。可是天色已黑，船上大副前來陳情，指出現在開離港口有些危險。我只好讓步，同意第二天早上出發。

9月5日早上六點，我們出海了，船桅頂端懸起美國國旗；6日早晨，我們抵達台灣府。當局得知我的到來，馬上派一名官員備妥車馬，按照禮節送到我的住所。我進屋不久，知府就來探訪；我們同意次日一早會見道台（吳大廷）。

↓ 李仙得在台灣府的住所，之二（引自《Notes of Travel in Formosa》）

　　道台待我如上賓。在場的官員，除了道台本人外，還有鎮台總
兵（劉明燈）及其副官，以及台灣府知府（葉宗元）、若干同知（sub-
prefects）和他們的隨員。我立即表明此行的目的，並聲明已經獲得
巡撫的批示，獲得在場官員一致熱烈的承諾，願意協助所有需求。
他們說，已經派出第一支前導部隊，其餘的需求也將盡力配合。我
聽完後，對他們說，你們願意提供協助，我感到非常滿意。現在，
我決定看看遠征軍的所有細節是否能夠確實執行，而且越快越好，
不要浪費時間。

　　我一講完，馬上看到官員的表情變了，連說法也跟著改變。先
前他們才說要立即派遣遠征軍，現在則說整裝配備需要一點時間，
而且跨越步履難行的地方，也可能延緩幾天。當然，部分先遣軍隊
已經出發，但後勤部隊尚未準備就緒。又稱，總兵劉明燈還有許多
公務待辦，一時尚難離開台灣府。此外，進入蠻荒未治地區需要份
外謹慎，而且要照顧你領事個人的安危，他們負不起這項責任。

　　我立即知道，原來這些官員擺明在敷衍巡撫指令；畢竟對道台
而言，籌備遠征耗費錢財。他們想到一個點子，乾脆到人煙不到的
地方弄幾顆野蠻人的頭顱，帶到福州展示，反正沒有證人，那就可
以輕易又便宜地交差了事。因此，我強硬地表示，各位軍爺大可不
必擔心本人安危；我到台灣府來，不是要聽他們的說法，而是親眼
看他們怎麼做。一時之間，沒有焦點。他們為轉移注意力，邀請我
品嘗剛做好的點心。我拒絕續談下去，就算一小時也不行，並宣布
要立即返回福州。聽我這麼一說，他們便提出一些說詞，最後劉總
兵（島上最高軍官）憑其果斷力、高超的文化教養及睿智，知道需對
此事做出支持或反對的明確答覆，便允諾三天之內率兵南下。然後，

↑ 早期西方人來台旅行總少不了轎子代步，圖為李仙得（左一）的旅行隊伍在
榕樹下休憩的情景（引自《Notes of Travel in Formosa》）

我們圍桌而坐，席中沒有人再質疑我來台灣府的目的。等我回到寓
所，好幾位中國官員前來晤談。當晚，六位島上最高官員聯名邀請
我前往知府公館共進晚宴，享受一頓豪華盡興的餐會。

　　一如協定，10日早晨大軍從台灣府啓程，我們被安排在軍隊的

中間位置。知府很大方的爲我、通譯伯內爾（Bernard）[4]、及一兩位侍從安排交通工具，載運行李配備。最後，在我前面還派出一隊隨扈，全程保護，直到離開台灣[5]。

離開台灣府之後，我們走上一條很狹窄的路，但熟練的轎夫依舊可以扛著轎子前進。傍晚，我們在阿公店（Athon-kien，今高雄市岡山區岡山）休息。第二天的黃昏，我們抵達埤頭（Pitau，舊鳳山縣城，今高雄市鳳山區鳳山），在那裡舉行了閱兵式，可是軍隊沒有要繼續前進的樣子，因此我拜訪劉總兵，要求解釋。他的藉口是，離開台灣府之後，道台所提供的經費不足（5000 美元），但他承諾如果經費遲遲未到，他會自行補足差額。他請求我相信他很急於執行巡撫的命令，認爲該負耽誤之責的人是道台而不是他，並同意無論如何會在 14 日出發。

14 日早上，道台那邊沒有消息，我們就出發了。沿著窄路朝東港前進，途中乘坐輕竹筏穿越四條溪流，當晚在東港的糖廍過夜。隔天天亮後前往枋寮，當晚到達。

我們距離目的地還遠得很，正在野蠻人盤踞的高山腳下。這裡根本連路都沒有，只有狩獵踩出的小徑，中國人或西方人都未曾涉足過。因爲季風的緣故，此時要從海路到南灣也不可行。我們迫於當時的情況，不得不停止前進，前途未卜。幸運的是，第二天劉總兵收到道台寄來的 8000 兩（約 11000 美元），這下子他便急著要前進了。爲了避免干涉遠征軍的管理事務，我至今一直不願做任何提

---

4 英編按：即 Joseph Bernare。

5 原註：應該這麼說，雖然轎夫和兵士是還派來服侍我的，但他們的待遇實在太差，我不得不自掏腰包補償他們。

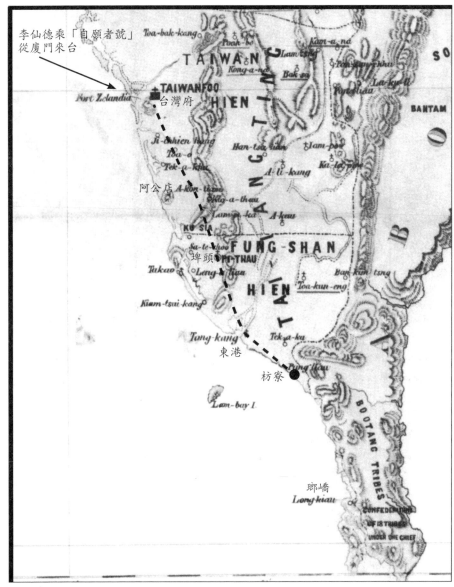

李仙德乘「自願者號」
從廈門來台

↑　清軍南下路線圖，從台灣府到枋寮

議，但現在的情況似乎可以開口了。我暗示劉總兵，逢山開路並非不可能，我們只需開一條直線距離約 30-40 英里的山路，假使原住民沒干涉的話（我們並沒有和這些原住民戰爭），四、五天就可以完成。劉總兵立刻聽進去了，他覺得這樣不僅可以脫出目前的困局，而且開這條路還可以打通從南到北的交通，迅速有效地讓原住民走出孤立，有助於建立中國官府對他們的管轄。我們要經過的是牡丹社人的地區，對此他們並不反對，因此工作開始了。

第三章

必麒麟和洪恩
的探險活動

· 必麒麟與洪恩在南台灣冒險找尋杭特船長夫婦遺體

↑　圖中央標示射寮的停泊處 （引自《Notes of Travel in Formosa》）

　　我們待在枋寮的日子很單調，幸好出現兩位英國人必麒麟與洪
恩（Horn），帶來一些生趣。六個月前，當我搭乘美國輪船亞士休洛
號來台期間，曾見過必麒麟先生。先前我已知道必麒麟熟諳南台灣
的漢語方言，於是請他前往南灣一趟，希望救回可能還活著的「羅
發號」船員。他答應一試。有關必麒麟先前冒險參與人道救援的經
歷，值得記錄下來。事情的經過是這樣的：8月3日，約下午六點，
必麒麟和洪恩從打狗出發，打算乘一艘小船到射寮，但因潮汐的關
係，半途停靠在東港；第二天破曉時分抵達射寮。同一天下午四點，
他們進入射寮的一條小河（射寮溪），投宿於洪恩前次訪察時住過的

小房子[1]。必麒麟在探尋杭特船長夫人屍體及其遺物的過程，遭遇
許多困難，主要是先前英國副領事買祿曾經委派一名漢人信差阿華
（Atawoa，音譯）從事類似的工作——我反對這麼做。結果阿華嚇唬
當地人，說美國人即將報復殺了他們同胞的野蠻人；阿華還告訴當
地人，杭特船長夫人的親戚很有錢，願意高價贖回她的遺體。事實
上，他是套用中國人的手法，唯一目的就是想敲詐當地人，也欺詐
他的僱主。最後，他們在9日拜訪一位與阿華往來最頻繁的中國人。

....
1 原註：這一紀行是洪恩先生提供的，我盡量照著原來的說法記錄下來。

必麒麟在這個人家中遇見三名龍鑾社的野蠻人；因為他們中國話講得很好，必麒麟才得以獲知如下訊息。他們說，杭特船長夫人的骨骸還在他們手上，不過情況很糟；又說，阿華曾出價 15 美元來買回骨骸，還警告他們，如果不把羅發號上面的東西都交出來，幾天之內就會有輪船來，摧毀他們及近鄰漢人的村庄；他們因為害怕，就把裝著遺體的袋子丟到龜仔用社附近的樹下；後來部分遺體遭狗咬壞。他們說，這是龜仔用人加害美國人的事，跟他們沒有任何關聯；相反的，他們還信誓旦旦，說起十年前曾從龜仔用人手中救出三名歐洲人；這些歐洲人在南岬遭船難，其餘的十八名同伴已被龜仔用人殺害；他們說，這三名水手的名字是詹姆（Jim）、艾爾（Al）和比爾（Bill），曾和漢人住了一年多，然後才被漢人送上一艘開往東方的船隻離開。為了證明所言不虛，他們模仿三名水手在看到那艘載走他們的船時，因高興及感激神所做的動作及喊叫聲；他們說，一年之後艾爾回來，給了他們 200 美元做為禮物。他們還表示，每年都會從龜仔用人手上救回一些漢人；假使杭特船長和他的同伴登陸的地點再往西 300 碼，他們就會將之全數救回。儘管如此，上次看見輪船停靠在他們的海岸外時[2]，他們還是驚駭不已，深怕受到羅發號事件的牽連。

聽到這些訊息，必麒麟先生和洪恩先生甚感振奮，決定走訪龍鑾社；它的位置就在龜仔用人聚居山頭的西側。他們到了那裡後，只見到三個居民，其他人都上山打獵了。他們被帶往放置杭特船長夫人遺骸的樹下，接近沙灘，離他們的村庄不遠，也靠近龜仔用社；

---

2 原註：這是指柏爾司令領導的美國亞洲艦隊。

頭顱、胸骨、肋骨等都在，可是不見大腿骨和胳臂。按照佛教的說法[3]，給予提供服務者的報酬，應該與個人財富多寡成正比。龍鑾社人無疑受到車城漢人信徒的影響，在聽到阿華提起杭特船長夫人是洪恩先生的姊姊，也是一名高官女兒之後，便漫天要價才得換回她的遺骸。很難讓他們了解這種想法是錯誤的，因為在他們看來，如果杭特船長夫人不是地位崇高且富有的人，為什麼會有人派出幾艘大船來為她復仇呢？必麒麟先生很有耐性地向他們說明，對白人友善將會帶給他們的好處；他保證，如果他們確實無辜，那麼船艦到來便不會傷害他們；如果他們能夠協助白人懲罰龜仔用社人，或是救援船難人員，還可得到獎賞。龍鑾社人承諾全力以赴，但無法保證一定做得到，因為即使在尋常的日子，他們也常遭受龜仔用社人騷擾。他們同意把杭特船長夫人遺骸帶到大樹房附近的一個茅屋。

8月10日，必麒麟先生與洪恩先生回到大樹房，很吃驚的聽說村庄裡有一個巴士島人（Bashee Islander）[4]。此人先前和八位同伴乘著獨木舟，漂流到台灣東部，欲靠岸時，遭到牡丹社原住民槍擊。於是他們再向南航行，在豬勝束社（Tuillassock tribe，今屏東縣滿州鄉里德村）附近登岸。在那裡他們碰到一名聾啞人[5]，旋即接待到他屋裡。聾啞人的族人要割他們的頭顱，但聾啞人擋在茅屋門口，手持大木棍保衛他們，意思是族人要殺他們，得先殺了他。他是酋長的內兄

3　原註：島上大部分的漢人來自福建，他們都是佛教徒；就像混生和漢人吸收很多原住民的習俗，平埔人也採納了許多漢人的迷信。

4　原註：Batau 或 Bashi 群島，是 Dampier 依當地土著常用的一種酒類所命名的，位在 Babazon Group 之北，包括一連串的島嶼，大部分是高島，分布在北緯 19 度 58 分到 21 度 13 分之間。島嶼之間的海峽被視為安全無虞，沒有潛在危險。

5　原註：我曾在拜訪南台灣十八番社頭目卓杞篤的場合見過他，確定是卓杞篤的兄弟。

（姊夫或妹夫），有權留住這些外人；後來，野蠻人發現其中有一個跑到屋外，就趁機割下他的頭顱。上述這些訊息都是漢人提供的。有個巴士島人被送到漢人處，看看語言是否相通。必麒麟聽聞此事，就到這個人所在的房子去，以好幾種語言跟他交談，但都問不出個所以然。即將離開之際，必麒麟想起西班牙人跟巴士群島有生意往來，便以西班牙語和他溝通，沒想到他也回以西班牙語。這人說他是個基督教徒，還以拉丁語背了一段祈禱文。必麒麟先生承諾會盡其所能地解救他們，並要漢人帶這人回豬勝束社，懇求野蠻人在這些人獲釋前要善待之，來日必有犒賞。

↑　19 世紀著名的「台灣通」必麒麟
（引自《Pioneering in Formosa》）

經過一番交涉，終於達成協議，贖回杭特船長夫人遺骸。在遺骸交付之前，必須由一位大樹房漢人擔保必麒麟先生與龍鑾人所訂立的契約，且洪恩先生也自願留在漢人身邊，直到贖款完清為止。儘管如此，他們還是不放心，要求必麒麟先生與洪恩先生保證，這樁事就到此了結；將來那些可怕的「輪船」再回來時，不得傷害他們。

必麒麟先生攜帶杭特船長夫人遺骨返回車城時，漢人還持香祭拜，但是不准把遺骨帶進屋內。必麒麟先生隨口回說，已將遺骨

埋在房外空地，然後趁著黑夜，偷偷將遺骨藏在盒子，帶回屋裡。

8月11日，必麒麟前往打狗籌措巴士島民的贖款；洪恩則遵守約定，留在大樹房。但洪恩得自由行動，便趁機蒐集訊息。13日，洪恩碰到射麻里社人，探知車城以南各社原住民名稱，以及人口數量[6]。

8月17日，必麒麟先生回來了，不過，並沒有籌到贖回巴士島民的足額款項，且其中一名島民又被殺了。18日，在洪恩先生陪同下，必麒麟先生交付贖回杭特船長夫人遺骨所約定的小額款項。19日，他們試圖說服豬勝束社人釋放巴士島民，不過，豬勝束社人堅持高昂贖金，無法達成協議。其實，豬勝束社人並不習於貨幣交易，而是拿來當作自己死後的陪葬品，因此需求很多。豬勝束社的傳話者聲稱，某位巴士島民曾告訴頭目，只要能夠遣返，他們願意付給兩袋米大小的美金；所以，如果必麒麟先生要贖回島民，就要付出同額金錢。必麒麟與洪恩聽到這些話，非常不高興；他們認為，只要龍鑾社人稍加勸說，豬勝束社人便會釋放巴士島民。果然不久，便從某位車城人的談話中獲得證實；我們知道，車城人經常與近鄰爭吵打鬥。這名車城人聽聞必麒麟在該地區長期奔走，勸告他除非絕對必要，切勿太相信這些人，他們絕非真誠之輩。他還說，野蠻人碰到陌生人就殺，是因為他們矢志要殺盡任何踏上他們領域的人；這麼做並不是為了貪求財物。因此船難漂來的物件，他們極少或從不保留；相反的，龍鑾、射寮和大樹房的居民，幾乎都將它們當作生意來做。只要調查一下，就可知道羅發號罹難船員的遺物，都落

---

6 英編按：李仙得原本在此有一個註，列出南台灣各社社名及人口數。請見附錄二。

在他們手裡。事實上，這種生意的利潤很高，因此他們不但不勸阻原住民虐殺外國人，甚至還鼓勵原住民這麼做；這樣，他們才有機會從中謀利，然後在外國人面前裝著一副無辜受害者樣子，同時故意渲染所謂敵人的力量和武器。一旦外國人有意痛擊原住民，他們又會巧詐地宣稱他們是可怕的妖魔鬼怪。當時，龍鑾人正鼓勵南部的原住民協助[7]外國人；但在前幾天舉行的會議中，這些曾保證效忠必麒麟的龍鑾人，卻同意背叛他。龍鑾人曾說，當美國人到來時，他們會裝出友善的模樣，但會及時通告原住民美國人來了；遇有零星走散的美國人，還會加以襲擊，並盡量阻撓美國人的進軍。原住民之所以猶豫不決，不知該如何做，是因為尪姨最近占卜顯示不吉。她們要求族人屈從美國人；認為他們的威力無庸置疑。為了證明預言，她們舉出美國軍隊走後所發生的一切災厄。例如，野豬摧毀龜仔用社作物；一名戰士在漁撈時被水蛇咬傷；一支打獵隊伍經過美國軍艦轟炸過的地區，拾回一顆大型未爆彈，然後帶到營火旁，突然發出可怕的爆炸聲，死傷很多族人。族人向尪姨請教造成這些不幸的原因；經過祖靈溝通指示，尪姨說是因為美國人在臨走之前留下一個惡靈，以便懲罰龜仔用社人。尪姨也指出，最近族人之間爆發爭端，喪失幾位重要戰士，因而削弱聯盟組織的力量，就是這一惡靈作祟所致。

　　8月19日，有人向必麒麟先生報告，說是車城與保力分別收到一張發自台灣府當局的告示，大意稱陰曆8月16日，將會派遣

7　譯按：本書所依據的 Robert Eskildsen 版本作 assist (p. 98)，但 Douglas L. Fix、John Shufelt 版本作 resist (p. 266)。

8500 名士兵進駐車城以南村落，以便滅絕那一帶的野蠻人；同時也呼籲瑯嶠近郊居民協助皇軍。客家人把這張告示傳給十八番社頭目，並張貼屋外，略加解釋內容，便警告頭目要做好迎敵的準備。客家人秉持一貫的奸巧，趁機賣給頭目大量的槍械及彈藥。他們還教頭目如何用沙包疊成沙壘，並勸他把沙壘設在通往高山的隘口處。他們沒有大砲可以賣給頭目，所以答應將巨大的黑檀及其他樹幹鑽孔，用鐵箍環繞起來，以強化沙壘。客家人還送給頭目幾把小鐵槍，很可能是他們從某次船難中得來的；我在 1869 年曾在某位頭目家中看過一把。

　　他們把山上的鄰居安排妥當後，便回到自己的聚落，表面上是為了履行他們與原住民的約定，但實際上則是和朋友們商量應付滿大人的辦法。這時，駐守枋寮的將軍（劉明燈）送來一大筆錢，並承諾戰事結束後，會有更多報酬。於是，他們立即打定主意，決定提供清軍所有訊息，同時避免惹惱野蠻人。他們還要看最後情況怎麼對自己有利，再伺機而動。

　　至於解救巴士島民的事，他們也沒有更誠實。必麒麟從打狗回來後，便不斷努力讓島民獲釋，卻始終無法與野蠻人達成協議，原因是野蠻人索取的贖款太過份了，而這一贖款正是客家人向他們建議的。對於巴士島民的贖款，以及返還杭特船長和其夫人及船上船員遺骸的獎賞，客家人都想分得一杯羹，因此他們便不擇手段地誘導原住民增加價碼，除了告訴原住民杭特船長身上任何東西都可以換得等重的黃金外，他們還放出謠言，說白人用船難人員的遺骸製造鴉片，並稱曾經看到一種配方，得以從一具人體製造出好幾盒鴉片藥品；至於那些沒被殺來製作鴉片的人，也會淪為奴隸，強迫從

事極度戕害健康的鴉片製造工作；因此如果要釋放巴士島民，就應該索取高額贖款。

　　杭特船長航海用的精密時鐘及夫人的畫像找到了，雖然因保存不當而嚴重毀損，但原住民在客家人的建議下，仍在 8 月 20 日要價 30 美元。先前在 13 日由於杭特船長外衣的要價未被接受，原住民就把外衣裁剪成夾克。當時必麒麟先生所能贖回來的，只有杭特船長的木箱，而且箱子裡面還是空的。某些客家人手上持有船上大副的黑色外衣及筆記簿、杭特船長夫人的錶及相簿，都尚未交給必麒麟先生。

　　8 月 23 日中午，必麒麟先生派去詢問豬勝束社頭目的人回來，說頭目要求 400 美元才願釋放那些島民。必麒麟先生身上沒有那麼多錢，也不知道上哪兒籌錢，只好拒絕；他問來人，可否由嚮導帶路，讓他及洪恩先生親自向頭目做最後的請求，可是沒有人膽敢和他們一起深入野蠻人領域。這時他們才想到，自從接到清朝的告示之後，他們或許已被當地人視為正在記錄當地情形的間諜，為清軍的攻擊預做準備。由於情況緊急，必麒麟先生找了個番婦，她是豬勝束社頭目的親人，要她帶著 200 美元去找頭目，希望他釋放那些島民，上路費是 1 美元，假使成功了，就給她 2 美元。她在 27 日回來，說她見到那個收留那些島民的人，他說自從島民流落沙灘以來，就一直在他家吃住，耗掉的糧食幾乎等於他及家人的糧食，讓他不堪負荷；就他個人而言，只要有人願意付給他這段時期的費用，大約每個人 5 或 6 美元，他就願意放人。然而頭目被客家密使說服，堅持沒有 400 元就不放人；若拿不到 300 美元以上，他寧可殺了那些島民，做為報復未來美國人及清軍在他的領域可能造成的傷害。

事實上，頭目已被清軍即將到來的消息所激怒，從而遷怒島民，施加虐待；除了規定他們不得像過去那樣在村庄自由走動，並須整天在田間幹活外，還關在狹窄的住房。平日只供應一點點食物，並常藉故毆打。

必麒麟很痛心島民悲慘的處境，然而一時無法籌措贖款，只好向頭目表示，他同意付款，但必須給他多一點時間，以便向朋友借貸；洪恩先生也表示，只要頭目先放人，他願意待在豬勝束社（做為人質），直到款項付清。可是漢人和該名番婦都藉口地方不安，不願冒險進入部落向頭目轉達這些訊息。最後，必麒麟先生總算籌集贖款，並委託同一名番婦代為送交；她答應很快會帶著那些遭俘的島民回來。

在她從事這項任務的同時，必麒麟先生與洪恩先生接到邀約，前往拜訪射寮東北方 6 英里的一個土著部落[8]；該社原隸屬於龜仔用社，但是因為和他們起衝突，逐搬離母社，遷居內山。必麒麟先生一行人在 8 月 28 日中午啓程，經過一個山中峽谷，又涉過數條溪；途中遇見三名土人，其中一名爛醉如泥。由於必麒麟等人武備精良，沒有招來攻擊。雖說如此，當雙方靠近時，他們的嚮導還是相當驚恐。大約下午五點，一行人到達目的地，與主人分享豐盛的晚餐後，回到為他們準備的房子過夜。這裡的人似乎剛從豬勝束社回來，參加了該處舉行的若干會議，他們說會議過程很不平靜，並勸必麒麟先生及他的朋友，不要相信那些人的話，就算豬勝束社人不會傷害他們，龜仔用社人也一定會殺了他們。這裡的土人問了必麒麟與洪

---

8 英編按：洪恩說這社稱爲 Labosee。

恩許多問題，他們似乎對洪恩的出現大感焦慮。

　　第二天早上九點，一行人離開這個部落。友善的土人給了他們
一隻大雞及一袋玉米，還差遣三個男人、一個男孩，全副武裝，護
衛他們離開山區。分手之處，讓他們想起了蘇格蘭的高地。溪裡盡
是鱒魚，土人用魚竿釣魚。8 月 30 日中午，他們抵達射寮，聽說前
一天有三個番婦被差遣至此，探聽他們是否已返回打狗，因為部落
間遍傳著這項謠言。

　　第二天，9 月 1 日，傳來消息說巴士島民要被釋放了，五個武
裝的男人前去將他們帶回射寮；下午四點，七名島民抵達射寮，另
一名島民因為腳痛留在大樹房。9 月 4 日，這名島民還是沒來射寮，
可能是被負責帶他前來的人羈押了，希望延遲交人可以再搾一點
錢。必麒麟先生與洪恩先生決定前往客家人的總部保力庄，探聽土
人的動向。路上，他們購買了一隻當地盛產的犰狳（armadillo）。他
們到保力時，聽說土人已完成備戰，並發誓一旦遭攻擊，將相互支
援到底。包括阿美族分遣隊在內，土人總共有 1200 名勇士，全員
配備滑膛槍，他們不久會在保力附近舉行會議，與瑯嶠山谷及山谷
以西海岸的所有納貢居民商議，萬一清軍進入他們的地域，該如何
應對。必麒麟先生很急著想見番社聯盟的首領卓杞篤，然而沒有人
知道他何時何地能被接見，只好作罷。他聽說，卓杞篤家族為了解
決族人間不斷爆發的爭執，手頭上維持一支相當規模的武力，導致
近年來經濟情況越來越糟。卓杞篤與車城的漢人及北面的土人，也
經常交戰。事實上，該地域過去一直處於全面戰爭的狀態；大家打
到沒有資源再去買槍械及彈藥，再去賠償被殺者的親友，才被迫談
和。他們才剛從過去的災難中復原過來；無論多麼決心要打眼前這

一仗，都不得不對後果感到擔憂。車城及瑯嶠山谷的漢人、客家人、射寮及大樹房的居民，更是感到焦慮，尤其是客家人；客家人跟參與戰事的雙方都有聯合關係，雙方都付大筆錢給他們，他們實在不知道該如何施展這兩面討好的技法而不被揭發。前些時候，他們以爲滿大人是絕不敢侵犯這個地區的；所有的威脅，只是爲了嚇唬他們，迫使他們和美國人妥協；可是現在，他們已無法懷疑清軍及美國人不久將抵達這裡的海岸。假使這些軍隊放手一搏，他們下場會如何？據說，光是清軍，可能就有 8500 人！

車城的居民開始動了起來。他們的頭人當中，有一個非常老的人拜訪必麒麟先生，求他出面幫忙。他建議必麒麟再試著去見卓杞篤，取得卓杞篤願與美國人及中國人進行和平協商的保證，以勸服美國人與清軍進軍到枋寮爲止，絕不要到車城來。他說，如果能得到此一保證，使清軍原地不動，便不難強迫原住民頭目承諾以後不再殺害海上漂流來的人；卓杞篤是個信守承諾的人，一旦答應，不僅他的臣民，即連瑯嶠山谷的客家人、平埔族、混生，以及從射寮至大樹房地區的居民，甚至和卓杞篤打仗的車城居民，都將毫不遲疑的爲他擔保。他又說，沒有什麼比這樣更能擔保的了，因爲卓杞篤管轄下的原住民，大部分是仰賴車城、射寮及大樹房供給子彈及火藥，而這三地的居民隨時可以停止供應彈藥，這不但關係到他們的生存，也涉及他們對北方原住民的優勢；光是衝著這點，他們就會信守承諾。至於這些擔保人，他們座落在沿海地區，對清廷及外國人的海軍毫無招架之力；倘若他們無法執行這一協定，絕逃不了應得的懲罰。

必麒麟先生回答這位長者說，他完全贊同這種協約，假使真的

↑　瑯嶠地區的平埔族（引自《The Island of Formosa: Past and Present》）

見到卓杞篤，他會盡一切力量來促成雙方的協議，可是頭目一直拒絕接見他；他認為再拖下去的話，在他把這想法告訴卓杞篤之前，清軍就已經到了。必麒麟說，雖然他認識我，但是他聽說我對他最近交涉羅發號事件的結果非常不滿意，因此，除非先報復那些殺害美國船難者的人，我是不願罷手離開的；因此，他可能要去一趟打狗，籲請英國領事協助。必麒麟先生又說，在他回來之前，就看這地區的居民及卓杞篤能否做出合理的提議，以阻止軍隊的進攻；至於該提議可由清朝將軍轉交給我，以便調解他們與美國人之間的爭議。

車城的頭人回答說，要請卓杞篤來是不可行的，可是他會叫客家人的領袖林阿九（Denia Kow）來，此人承諾的事是可以信賴的。9月8日下午三點，客家領袖果眞來到。林阿九說他贊成和平；他願

意利用對卓杞篤的影響力，促成車城頭人所提出的協約，而且他知
道，這地區的其他居民，包括瑯嶠山谷的居民，車城、大樹房和住
在山脊其他地方的漢人和混生，都願意通力合作，謀求和平。在他
看來，清軍是永遠無法征服原住民部落的，因為清軍不能跟著原住
民往山裡走；就算他們協助清廷攻打原住民，受罪的還是他們自己：
軍隊會毀了他們的農田，偷取他們的牲口，等到軍隊撤退，原住民
又會因為他們沒站在原住民這邊，下山把軍隊沒搶完的全部搜刮一
空，或許還會燒了他們的房子，把他們殺得一個不剩。假使清軍獲
得勝利，取得這個地區的管轄權，大家也不會更好過。大家寧可受
原住民管轄，只要微薄的進貢，原住民就不會侵擾他們；反之，若
歸清朝管轄，稅賦與其他榨取才真是沒完沒了。林阿九的結論是，
一切就看遠征軍的領導者（不管是中國人或外國人）怎麼決定了；如果
由他來主導，他相信雙方可以達成協議，他會請必麒麟先生帶信給
英國領事，請求英國領事幫忙。必麒麟先生同意做調停者，答應馬
上出發前往打狗，而林阿九也即刻動身往卓杞篤的地域，勸使這位
頭目到保力來會見美國官員，或是任何委任來此的代表。

第四章

CHAPTER 4

必麒麟與洪恩抵達
枋寮後的行動

　　必麒麟先生到達枋寮後，聽說我在這裡，便請求與我見面。講
完他的故事後，他又說他和朋友已經將英國領事買祿所提供，用來
援救船難者的所有經費花光了；現在可說阮囊羞澀。我一聽到，決
定全力協助，將這些可憐的巴士島民帶去求見劉總兵；總兵提供他
們所需，還給了個嚮導帶他們去打狗。應我要求，總兵下令將買祿
先生代墊款項全數歸還，並在事後函送公文，告知此事。

　　我勸告必麒麟先生，不要浪費時間到打狗請求英國領事來制止
這次遠征了。我希望遠征繼續，除了因為我歷經種種困難才讓這一
遠征得以成行之外，也因為一旦在此關鍵時刻罷兵，將會招致可悲
的後果。我告訴他，自從我開始與中國人協商出兵征討後，每個人
都反對我——首先反對的是中國官方，因為遠征是要花錢的；接著
是我的同胞，每次我提起出征，他們就把我當瘋子看；然後是艦隊
司令（柏爾）反對我，當時他的整支艦隊就停泊在香港，卻讓我獨自
在荒野出沒，不給我公家的保護，而我無疑是有權利獲得這種保護
的。經歷很多麻煩，我才說服總督（吳棠）借我一艘輪船，但即使是
這艘船也因為海關稅務司官員惠達（White）[1] 的干涉而無法成行。惠
達在英國領事的支持下，規勸清朝官員說，假使讓這艘船駛往打狗
以南那段驚濤駭浪的海岸，一定會折損；因此，該船船長拒絕服從
我的命令。我告訴必麒麟，方才他所說的那番話，使我更確信進入
土人地域才是正確之舉。在稍早的 5 月間，我曾對枋寮到車城間的
海岸線進行探勘，發現除了一小段外，橫隔在兩地之間的山區，軍

1　英編按：惠達（F. W. White）於 1866-1867 年任職於打狗（高雄）海關。參見 Harold M. Otness,
　One Thousand Westerners in Taiwan, 第 166 頁。

隊是很容易跨越的。如今必麒麟循著該路線而來，更使我的假設得
到確證。我說，我們必須穿越的那塊山區是牡丹社所有；有人告訴
我，他們正在和卓杞篤的族人交戰，因此他們不會幫忙卓杞篤。牡
丹社靠著和枋寮、莿桐腳甚至車城的漢人及混生做生意，取得很大
的優勢；事實上，只要他們從漢人手中購買彈藥及武器的供給線被
突然切斷，他們就不可能有一天脫離卓杞篤，維持相對的獨立。除
此之外，我們已讓他們了解到，如果我們在南下的路途中，他們膽
敢對我們發射一槍，那麼他們的家園就會被我們炸個粉碎，他們也
會遭利刃穿身；可是，假使讓我們不受干擾地安全通過，那麼我們
不僅不會進入任何土人聚落，而且當我們抵達沿途海岸每一個駐紮
地時，還會犒賞他們，以及犒賞該地域的土人小頭目。土人已接受
了這個提議，因此我們會繼續前進。在我們穿越這一山區之前，信
差帶來的任何信息，我都拒絕接受。我已指示我的朋友兼秘書伯內
爾（Bernard）如此告知所有前來的人。幾個鐘頭前，他才打發掉一名
島上長官派來的代表，說他奉命要盡全力阻止我們前進。同時，瑯
嶠山谷及附近的居民威脅我們不要進攻，因為他們認為我們無法打
敗野蠻人。他們估計，該地崇山峻嶺將對我們構成重重障礙，是不
可能克服的，所以他們想像我們會從瑯嶠山谷開端的海岸登陸；但
是，等他們聽說我們跨越了目前橫亙眼前的山脈，看見我們從高山
上下來，途中未遭當地土人傷害，也不像他們現在所認為的，被這
些土人滅絕時，他們就會改口了。至於我們前來懲罰的土人，當他
們發現自己被包圍在我們與大海之間，無路可逃的時候，就會跪地
求饒了。我感謝必麒麟基於人道立場所做的一切，懇求他完成這個
高貴的任務；同時，將他的同伴和巴士島民送到打狗，並讓他們帶

口信給英國領事，說十天之內，我就會抵達台灣的最南端；同時，也請必麒麟先生親自帶口信給卓杞篤，說我會在保力等他，如果他願意的話，可以前來談和。

　　必麒麟先生被我說服了，同意就這樣進行。他只要求在我這裡多待幾天，把該裝備的都弄妥，然後再去找卓杞篤。我很慶幸有他作伴，因為他不但深諳這地區的地理、居民及他們的語言，也是個高貴、堅毅和勇敢的人。我知道他能為我提供最有價值的服務[2]。

↑　打狗港南面，必麒麟服務的怡記洋行的倉庫位於此（引自《Notes of Travel in Formosa》）

....

2　原註：必麒麟先生當時受僱於台灣與廈門的怡記洋行（Messrs. Elles & Co.），他和我在一起的四十天，他那慷慨的僱主照付薪水。怡記洋行是一家英國公司，和我在台灣處理的事務沒有直接利害關係，卻仍願意提供必麒麟先生為我服務，因而更值得嘉獎。至於必麒麟先生本身，因知道美國政府沒有提供我此行的費用，也沒接受我額外給他的補償金。

　　必麒麟先生的價值，幾天後便證實了。我離開廈門時，那裡的人質疑我是否能夠完成所立的目標，而我個人也擔心能否找到一個可資信賴的通譯；當時，福建巡撫派遣一名中國人充當通譯，但此人是我這輩子所見最為可惡的無賴。然而我還是設法用恐懼及獎賞來控制他；我坦白地告訴他，他若敢耍花招欺騙我，我就會用盡影響力把他給斃了，但是如果好好替我服務，我一定會犒賞他。有一天晚餐後，當我獨自散步，焦慮地等待跨越山脈的路開通完成之際，那人來見我，說是那麼遠迢迢的去土人地域，就只為了幾個人頭，實在沒必要；我們大可不必勞師動眾，原地不動就能得到人頭。假使軍隊遠征到大樹房攻打土人，不僅要花大錢，還得犧牲很多性命。現在既然路開通了，不如派人帶錢到車城，只要一千美元，就可以買到十至十五個土人人頭，然後將頭顱連同我們的公文送往福州，聲稱土人已臣服我們，屆時我們不但能夠凱旋回返，還能錢包飽滿。台灣府已撥給我們所需的一切款項，只要歸還其中的一大部分，他們就會准許我們平分剩餘的款項。他說他是自告奮勇，沒有人派他來的；事實上，他知道劉總兵（劉明燈）很急於一戰，不過，如果我向另一名將軍建言，後者或許會接受我的提議，從而運用他對總兵的影響力，說服總兵同意此項做法。

　　我一聽簡直太吃驚了，然而不動聲色，只是告訴這人我會想想他的話，明天早上給他答覆。然後我找到必麒麟先生，請他跟我去劉總兵處，充當我的通譯，說我有很重要的事要和劉總兵溝通。我告訴劉總兵，有些人正試圖要阻撓我們的計畫，雖然他決定進攻，卻有其他人建議我們妥協，而他們的構想我無法同意。我說，事實上，我相信有人正密謀篡奪他的權位；我求他次日早上發布公告，

表明他進攻的決心；唯有他可以指揮軍隊，任何企圖干涉他的命令和計畫的人，一律砍頭。

我們一邊講，劉總兵一邊笑，「所以你知道怎麼回事了，」他說，「我也知道。明天佈告會貼出來。至於你，必麒麟先生，」他接著說，「我信任你，你隨時都可以來見我，他們一定會讓你進來。道路在一兩天之內就會開通，屆時我們會立即南下。我要請你走一趟瑯𤩝，告訴那裡的人我們就要到了，支持我的居民將受犒賞，反抗我的人將被撲殺，一個也不饒。只要

↑ 年輕時代的必麒麟（引自《Notes of Travel in Formosa》）

是良民，對我們軍隊的出現就不必不安，因為軍人需要什麼，哪怕只是一根木條，都會以銀子向居民購買；我到了車城，會給居民這樣的保證。土人只要如你所說的，願向我們低頭，我會樂於傾聽任何令李仙得將軍滿意的有利條件；可是在抵達目的地之前，我們不會聽從任何可能阻礙行軍的提議。」

聽完劉總兵的話之後，必麒麟先生啟程南下，而軍隊一切準備就緒，等著開拔的命令。

第五章

CHAPTER 5

─────◆◈◆─────

進軍車城

· 劉總兵率領軍隊,陪伴我,穿越山區前往車城

· 車城所見記事

　　打通山區道路之後，我們便在 9 月 22 日中午離開枋寮；當天，沒有遇到任何襲擊，即跨越高聳山丘到達莿桐腳。接著我們跨越另一個山脈，傍晚時分抵達楓港，並在該處過夜。我們已經走到半路了，除了自然界的屏障之外，沒有碰到其他困難。我們原本一致預料第二天會遭遇牡丹社的抵抗，結果沒有，可能是多虧了將軍派出先遣部隊佔領那些可疑的山隘。第二天晚上，我們抵達瑯嶠（按：泛指車城一帶）。

　　我們進入車城的情景，是我畢生所見最壯觀堂皇的一幕。當我們瞥見車城，來到距離它 1.25 英里，踏在構成瑯嶠山谷入口的高原時，原本在跨越山脈時一路領先的前鋒部隊、劉總兵、我以及我們的部屬和侍衛，便停下腳步讓軍隊整隊；扛旗子的，大約五十至一百人，走在前面，然後軍隊分成兩縱隊前進，中間則是由八人轎子抬著劉總兵和我，以及我們的部屬及侍衛。接近車城時，軍旗飄揚，部隊朝空鳴槍。距離車城 1/4 英里時，車城的頭人急忙出現在我的轎子旁，呈給我一份手寫的歸降書，跪下求饒；我做手勢要他起身，帶他去見劉總兵，因為他負責未來軍事行動與相關政命。劉總兵跟他說了些什麼，我不知道，可是隊伍並未停止，我們緩緩地朝車城前進。

　　瑯嶠是由一條長而寬的街，以及延伸出的幾條窄路所組成。我們當然從主要的入口進去。距離入口幾碼之遙，擺著中國式的供桌，上面放有寫著名字的薄板，我猜是滿清皇帝的名字，但也可能是劉總兵的名字，或甚至我的名字，但我無意再去問清楚，因為我知道，無論上面寫的是誰的名字，都表明他們已完全歸順。供桌的前端擺著香爐，燒著香，香爐兩側燃著幾根紅蠟燭。當我們走近入口時，

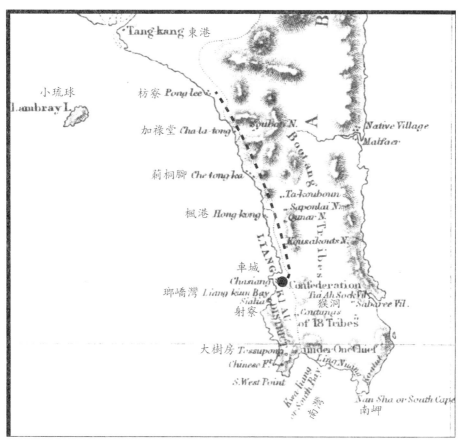

↑ 清軍南下路線圖，從枋寮到車城

這樣的供桌變得更大、數量更多；進到城內，看見家家戶戶前面都
擺了供桌，居民聚集在供桌旁，跪著叩拜。我們很快到了住宿處，
劉總兵留在城裡，我則住在東方半英里外一間很糟的農舍，那是當
地頭人在鄉下的邸宅。我選擇住這裡，是爲了遠離各種疾病，因爲
在車城這小地方，一下子擠了那麼多人，免不了會有傳染疾病。而

且我也不希望別人看到我如何執行我的計畫；透過必麒麟先生，我可以掌握中國人與原住民的動向，我們這一冒險事業的成功，有賴於這方面的正確訊息。

當時是 10 月，是下雨及颱風季節，我後來得知，那也是熱病及其他疾病的季節。我注意到那些前來見我的人之中，有很多都感染了疾病，而且我知道有許多人是很容易醫治的。假使我能夠治癒他們，說不定這消息會傳到土人耳裡，所以我鼓勵他們來找我。我發現他們非常溫馴，我在醫治他們時也很幸運。我如果碰到不了解的疾病，我會拒絕診療，但不會告訴他們我拒絕的真正理由，也就是我的無知，而是藉口說我的藥在到車城之前已經用光了。為此，我把好幾個藥瓶清空，這些藥的醫學成分我不甚了解，不敢隨便開給病人服用；當我拒絕醫治，但病人依舊纏著我開藥時，我便把空藥瓶拿給他們看，他們就會死心。我在車城時，至少醫好四十或五十個病人，其中兩人還相當麻煩。其中之一是首領的太太，他們告訴我，這名番婦為了我們進攻的事，曾入山去做些跑腿的差事而感冒，當她來找我的時候，已好幾天沒有排尿了，顯然痛苦不堪，但是我沒有導尿的工具，不知道怎麼辦。她的腹部腫大，我想或許是她的腸子壓到膀胱，以致尿液無法排出，於是給了她一兩次瀉藥，可是沒有用。我又試給她甘汞，仍然無效。最後我叫來她的親戚，坦白告訴他們，假使婦人的病不迅速治療，她就必死無疑；我手頭上沒有可以使她恢復健康的工具，不過，如果他們願意的話，我決定開一帖重藥，她服下後不是生就是死，不過總比坐以待斃好。他們求我，要開什麼藥都聽任我主意，反正病人一定會吃藥的。我於

是抓了些大黃根[1]、氧化鎂、鴉片，以及一些汞劑，其劑量足以使一匹馬下泄，把這些藥都混在一起，要她喝下去。我要她蓋上很多被子，直到冒汗爲止，同時照顧她的人要不斷以樟腦油按摩她的腹部，直到她昏昏欲睡。這名可憐的婦人畢恭畢敬地遵循我的指示，半個鐘頭之後，她的頭倒在枕頭上，安然入睡。五個鐘頭之後，他的朋友滿臉笑容來找我，說病人已經沒事了，令我又驚又喜。在上帝的幫助下，我開的藥顯了神跡；三天之後，她就四處走動，工作如常了。我的廚子後來得了跟這婦人同樣的病，我給他同樣的處方，也同樣的治癒了他。

　　至於我們的存糧，其中從國外帶來的醃製食物並不多了，又不知道還要在這地區待多久，所以我們急於採辦一切可得的獵物、魚及蛋。那位我治癒的婦人對我感激不盡，所以在我停留當地期間，她盡其所能地提供我廚子食物，可是她的先生，雖然對我叩頭（Kau-tau）致謝，在我離開他的農舍之後，卻給了我的侍從一張很長的帳單；侍從說，帳單上每樣東西的價錢都太高了，沒有我的特別指示，他不敢付錢。我在中國待了七年，得到很多教訓，這不過是另一個新教訓罷了。

　　沿著海岸南下，只要半個鐘頭，就能從車城走到射寮。射寮對戎克船來說是個很好的港口，它位於一條小河（射寮溪）的河口，運載我們這個小作戰兵團所需的火砲與彈藥的船隊（由大型戎克船組成），就是在這裡集結。射寮往東一個鐘頭，有一片鄰近山區的平原，保力就座落在那裡；如果再回到海岸，即往西走，從射寮往南

---
1 譯按：泄劑用藥。

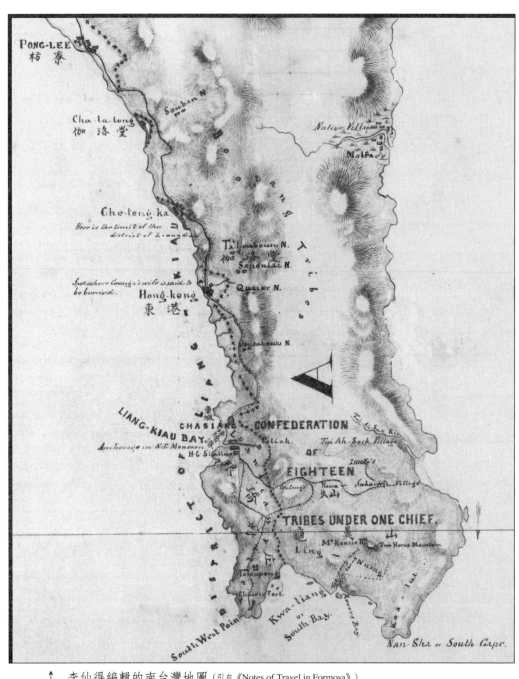

↑　李仙得編輯的南台灣地圖（引自《Notes of Travel in Formosa》）

走五個鐘頭，就是混生的村庄大樹房；中國統治者迄今尚未深入至
此。我們看到從保力往南及往東各畫一條線，直到島的南岸與東岸，
這一區域便是土人的地盤。

　　劉總兵在車城擁有一個良好的指揮基地，右邊臨海，並掌握著
一條與台灣府聯絡的新路線。射寮已在他的管控之中；憑著幾座火
砲和少數兵力，他已能夠掌控保力；他的軍隊可以循著一條寬敞的
道路直下南灣，從龜仔用社的山頂襲擊這些土人，把沒有退路的龜
仔用人趕到海裡去。因為這樣，劉總兵不必請派一支大型的常規軍
來打仗；當初上面答應派一千人，結果只提供了七百五十人，而這
些士兵雖然配備著良好的歐洲步槍，卻不足以擔負眼前的任務，因
此在開戰前，或許該請求台灣府增加兵員。當我提醒劉總兵注意此
事時，他說他已徵召了一千五百名民兵，都是和土人有過作戰經驗
的。但是我怕這些人在稻米收成期間接到徵召，對打戰不會有什麼
熱忱。幸虧我們不一定要打這一仗，既不必靠台灣府援兵（雖然一部
分軍援真的到了），也不必靠徵召混生。事情果然不出我所料。我們
抵達車城後，必麒麟先生及一個非常聰明的王同知（王文棨），後者
的職責是隨時與土人進行協商，在我們帶來的兩百名最精良的兵士
護衛下，去見卓杞篤，轉達客家人與車城頭人們的和平意向。他們
在一個平埔族小村庄與卓杞篤的代表見面，該村庄幾乎在南灣正中
央往內陸 5 英里之處。他們告訴土人代表，我極度想開戰，可是因
必麒麟先生反對（他方才找回杭特船長夫人的遺骸），我同意延遲幾天
再開始攻擊，願意聽聽卓杞篤的提議。這些土人說，他們沒有求和
之意，假使我想打，他們就奉陪。王同知告訴他們，不要那樣子說
話，否則路就走絕了，因為一旦戰爭開始，沒有把他們全都滅絕是

不會罷休的。他說，雖然我僅帶來一隊護衛，但我的大軍有好幾千名士兵，並有強大的艦隊為後援，只要一聲令下，就進攻了。他說，你們土人是應該害怕的，因為即連清朝的官員，雖擁有大軍，並掌握人口眾多、富裕的領域，也都驚恐不已；他熱心地勸戒他們考慮求和。最後，他們承諾卓杞篤會在保力和我見面。

劉總兵得知此事，立刻來見我，告訴我雖然他得到的指示是要滅絕龜仔用人，但如果我正式要求他不要攻擊，他就會停止軍事行動。他接獲的命令之一，就是盡量順應我的願望；假使他下達攻擊令，那完全是因為福州的最高當局希望幫助我懲罰土人。我回答他，我願意放棄無益的報仇之舉（它們日後可能會成為復仇的藉口），以換取無比的利益；土人保證不再發生引致我們前來懲兇的這類犯罪，相當符合美國寬大的政策。然而，我不希望逼他做出和他得到的指示相違背的命令，因此，我告訴他，假使土人不接受求和，我也不會助他們一臂之力；可是假使他們接受求和，我要求達到下列目標：

　　第一，我要見到卓杞篤及十八社的其他頭目，他們必須向我當面道歉，並保證將來不再犯。

　　第二，中國當局必須提供我從瑯嶠到大樹房的漢人及混生對上述保證所做的具結。

　　第三，他們應要求土人返還必麒麟為取得杭特船長夫人遺骸所支出的花費，並追回在土人手裡的杭特船長遺物。

　　第四，要在南灣建造一座具有防禦工事的守望台，保證該地此後將獲得清廷保護。

我們同意以此為行動依據，而土人代表則負責在三天內，安排在保力會面事宜。會面的前一天，在我還沒有對那些頭目們做出任何承諾之前，我為求慎重，想到還是該請巡撫委派代表簽署一份書面同意文件，將先前口頭上的承諾落實在文本上；為此，我寫了個備忘錄給他們，請他們立刻回覆。我相信我的中國通譯並沒有辦好此事，雖然他曾答應將這封信交給將軍們，並向他們解釋信的內容。一整天過去了，將軍們沒有回應，而卓杞篤和十八社的頭目在當天晚上抵達保力，差人來說，明天要跟我見面。將軍們沒回應我，讓我懷疑中國當局方面有什麼詭計，於是我更小心地回覆卓杞篤。我通知將軍們，在他們沒有給我答覆之前，我將不會和卓杞篤見面；並告訴他們，這樣的遲延可能會把事情全部搞砸。可是仍然沒用，他們提出很多可疑的藉口，卻不願答覆我。

　　第二天早上，我請必麒麟先生去見卓杞篤，跟他解釋我為何還不能和他們見面。他發現在保力的卓杞篤，身邊有六百名戰士。因為將軍仍然沒有回我話，而卓杞篤在保力找不到適當的住處，或是等得不耐煩了，便決定一走了之。劉總兵這時終於給我答覆，卻驚覺卓杞篤不見了，便求我讓他再安排一次與卓杞篤的會面，我同意了。三天之後，我接到通知，卓杞篤要在出火（Volcano）[2] 見我；此地離東海岸幾英里，位於土人勢力範圍。將軍要派五百名士兵當我

2　譯按：《恆春縣志》卷十五「山川」項記載：「出火山，在縣城東五里，三台山之左。爾雅：『大山宮，小山霍』，此實霍也。為縣城入射麻里、赴內山之路。路岸穴孔如碗，火即出，無煙而焰；焰高尺餘，陰霾天可見。投以草木，則烈而燼。火移徙無定處，然相去不遠耳；冬、春有，夏、秋無。沙土石，皆青黯色。山下有溪名出火溪：源細而流長，行六、七里，會龍鑾潭西北流入海。據采訪錄：『近年火少見。』士女往觀者，謂尋火而得，則吉；否則不吉。居民以此占否泰也。」

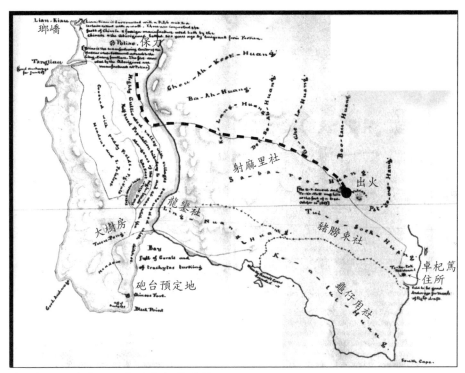

↑ 李仙得前往出火會見卓杞篤路線圖

的護衛，我拒絕了。10月10日早上，在伯內爾先生、必麒麟先生、三位通譯及一位嚮導的陪伴下，我們朝目的地前進，於中午抵達會面地點。

第六章

CHAPTER 6

───────── ❖ ─────────

南岬之盟

· 與卓杞篤議和

· 清軍撤退

我發現卓杞篤身邊圍著幾位頭目及約兩百名男女土人。我們不拘儀式，坐在人群中央的地上。我們沒有武裝，他們則把槍放在膝蓋之間。大家都知道我爲何沒有早點見到他，所以我略去虛言，一開始就問他，爲何殺了我們的同胞。卓杞篤迅即回答，很久以前，龜仔用社差一點就遭白人滅族，僅有三個人活下來，要他們的後代報仇，但是他們沒有船可以追擊白人，只能盡其可能的復仇。我說，這樣不是會錯殺很多無辜的人嗎？「我知道，」卓杞篤說，「我也反對這樣做，所以才會到保力來找你，表示我的遺憾。」我接著問他準備怎麼做？他的答覆是：「如果你們打算開戰，我們當會抵抗你們，不能保證結果如何；假使你們打算和好，就會永遠和平。」我告訴他，我會很高興能避免流血，他聽到後就把槍放在一邊。

我又說，只要他們未來不再殺害不幸的船難者，並照顧他們，將之轉交給瑯嶠的漢人，過去的事我們就可以遺忘。卓杞篤承諾這麼做。我接著說，假如有船員被派上岸取水或其他東西，他們不可以侵犯，這點卓杞篤也答應照做。在卓杞篤的要求下，我們同意假使船隻希望讓船員和平登岸，必須對他或他的族人出示紅旗，這點也包括在議和的約定裡。

接著我碰碰運氣，提出建立砲台之事。我希望砲台能建在南灣的中央，也就是麥肯基上尉不幸喪命的地點。卓杞篤拒絕了，說這會給他的族人帶來不幸，「大家各有各的地方，」他說，「假使你把中國人放在我們的土地上，他們的奸詐會激怒我們。把你們的砲台建在混生的土地上；他們不會反對的，我們也會滿意。」我同意他的提議。這時，他站起對我說：「我們說得夠多了，該告辭了，不要拿這些可能使我們變成敵人的話，來破壞我們友善的會面。」

我怎麼留他都沒用，這次面會持續約四十五分鐘。

卓杞篤年約五十，言語簡潔，聲音很悅耳。他面容親切，看起來很剛毅、不屈不撓，性情樂觀，身材不高，甚至可說是矮小，但肩膀寬厚，體格結實。他頭髮灰白，像漢人那樣額上削髮，留著一條長約 12 到 15 英寸的小辮子。但他服飾是土人裝扮，和漢人完全不同。

那些陪同卓杞篤來的人，有好幾種特徵和服飾，顯然是好幾族的人，就像我們在日本旅行看到的那樣。有幾位婦人很美麗，就像在西班牙和義大利所見的美女那般。很多土民在頭上戴著取自雄雞的羽毛裝飾，就如同荷蘭人所記載的。他們全都穿耳洞，把耳垂弄得大大的，像日本佛像那樣，耳垂貫穿不同材質做成的飾圈。有些人身穿短上衣，以及很短的褲子；其他人則肩披一塊大布（a Vautique），或是從背後把布繞過肩和脖子，遮住他們的臂膀，在下巴下面打結。有人佩帶弓箭，弓是劈竹做成，箭則是蘆葦做的；箭頭以銅或鐵鑄成，形狀像一般箭頭那樣。他們都帶著滑膛槍，槍身擦得像鏡子般光亮；槍機（locks）很像我看過的古代日本槍械，槍托則近似美式槍械。除了這些武器，很多人還帶著長矛，矛頭上裝飾著那些被他們所殺之人的毛髮。他們也攜帶刀身很寬的短刀，收放在薄木製成的刀鞘裡，這種刀鞘只覆蓋著很小部分的刀刃和刀背，刀柄通常是黑檀做的，以雕刻為裝飾，或釘上銅釘或銀釘。他們都吃檳榔。女人的頭髮裝飾和北方部落一樣，有些纏上紅布，其他則纏上鍊子。當卓杞篤或我在講話時，他們都很仔細地聆聽，但當我們談及最重要的議題時，他們會突然大聲喊叫打斷我們，以表達贊同或不贊同。他們決定離開時，就忽然起身走開，就像我在南

北其他地方所見的土人那樣。他們總是很好奇地看著我們。有人告訴我，那些長得高大、白皙許多的土人[1]，反而是比較矮小、黝黑的土人[2]的奴隸。

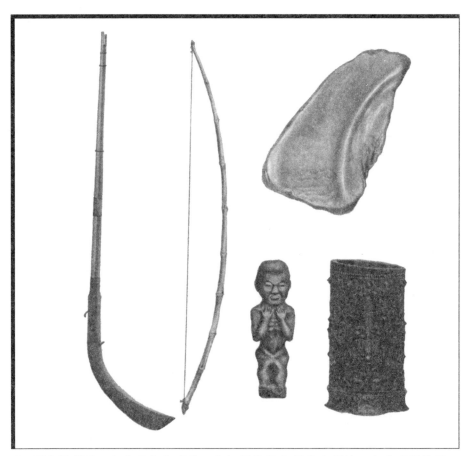

↑　原住民用品，由左至右依序為：北部原住民使用的火繩槍、小孩子用的弓、有雕刻的刀柄、貝殼做的湯匙、有雕刻的杯子 (引自《Notes of Travel in Formosa》)

....

1　校註：指阿美族人。

2　校註：指斯卡羅族人。

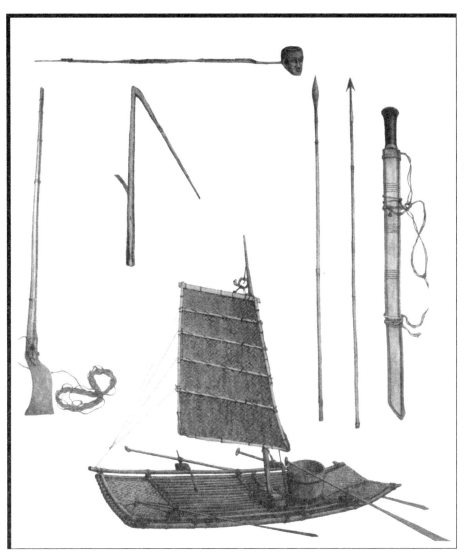

↑　原住民用品，由左至右依序為：南部原住民使用的火繩槍、收割工具、竹筏、
陶社原住民的菸斗（上）、箭（兩支）、南部原住民使用的刀子（引自《Notes of
Travel in Formosa》）

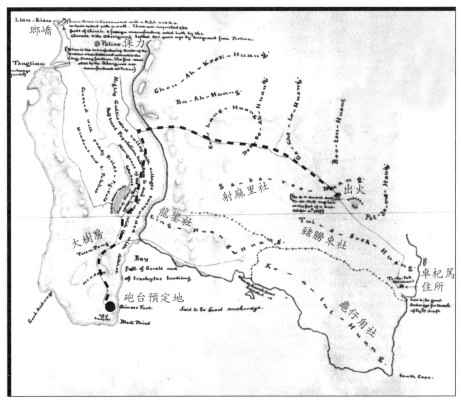

↑　李仙得勘查砲台預定地路線圖

　　散會的那天，我們沒有回車城，而是朝向左，穿過土人及龍鑾
人的地域，向大樹房走去。我決定將砲台建在此村庄 1 英里外的海
岬上。從該處可以覽眺整個南灣，也能清楚辨識出先前柏爾司令的
遠征軍所走的道路，而那塊顯著突出的致命岩塊——一大塊陰暗的
粗面岩——就鄰近著麥肯基上尉的喪命之處。我們在滿懷哀思中返
回瑯嶠，既要催促這座砲台的興建，也要取得該地區的漢人和混生
的書面具結。

　　我與劉總兵曾經激烈討論到底要不要興建這座砲台。他並非全然反對興建，相反的，他承認建砲台對中國人是有利的，但因為他沒有得到確切的指令，所以他在尚未與北京或福州當局會商之前，不敢貿然同意興建砲台。在這樣的拖延下，我仍然不願意變更計畫。我需要這座瞭望砲台，因為它能夠讓中國當局在該地確立長久以來一直被否定的管轄權；它也會博得龜仔用社人的尊敬，提醒他們要遵守承諾；最後及最主要的一個理由，就是它會成為這片狂暴水域中眾多海難者的可靠避難所。總之，在我的堅持下，雙方最後同意建立一座臨時的砲台，地點由我選定，並於砲台中配置兩門砲、少數正規軍，以及一百名民兵。只要我日後能夠請求中國當局下達一道明確的指令給台灣府，此一臨時安排便會變成永久性的。我宣稱滿意這樣的安排，因為我無法想像巡撫會對我食言；而如果他食言了，我有自信可以透過美國公使的指示，要求巡撫遵守承諾。

　　我必須在此強調劉總兵並無失信。兩天之內，他就以棕櫚樹的樹幹及沙包，建起砲台的圓形圍牆，還陪我去參觀。我並沒有在砲台內看見一百個民兵，但這點缺失我決定裝作沒看見。無疑的，為彌補短缺的一百名士兵，原先承諾的兩門砲變成三門。砲台上還飄揚著某種旗子。

　　我們的任務快結束了。劉總兵交給我一具望遠鏡及一些航海器材，都是羅發號上的物件，還有一張杭特船長夫人的照片；必麒麟先生先前已交給我這位不幸女士的遺骸。必麒麟已帶著一面我給的紅旗子到卓杞篤那邊。剩下來的，就是我要交一份和中國當局合寫的關於遠征結果的報告。這些文件要求土人及從瑯嶠灣到大樹房的

砲台之間的漢人，必須盡到保護船難者的共同人道義務。這正是此次遠征的精神所在。

時間來到 10 月 15 日，我想打道回府了。當時我不知道，在這個任務的結束階段，還會有那麼多惱人的事情（更別提羞辱了）發生在我身上。「志願者號」輪船在我前往卓杞篤的領域時，已抵達打狗；後來我看我們確實要一路往南，便函告該船指揮官，要他把船開到瑯嶠，但他拒絕離開停泊處；10 月 11 日，他正式函告我說，他已經等得夠久了，要我確定回去廈門的日期。這封公文我沒有回，但在 16 日早晨我派遣通譯去找他，告訴他我在台灣的任務快要結束了，我希望他把船開到射寮，以免我奔波將近兩個月之後，又要辛勞地走長途陸路回打狗；我說，我會為此負起全責。

清軍撤退後，我在大樹房又停留了四天。10 月 20 日，英國砲艦「巴特勒號」（Banterer）抵達，它已載著必麒麟先生一個月前救出的島民回家，正要從巴士群島返回廈門。我和該船的指揮官及英國副領事在沙灘上見面；那座新建的砲台也向英國國旗致敬。應他們詢問，我報告了此行的重點及結果。我婉謝他們要載我回打狗的好意，自己回到瑯嶠。必麒麟先生也剛好從卓杞篤那裡回來；在那裡，他受到卓杞篤極其誠摯的歡迎。中國人就沒那麼幸運了，他們派了個代表團去找卓杞篤，要求卓杞篤對外國人所承諾的保護也能適用於中國人，但這位頭目卻說他不會跟中國官員打交道。當代表團繼續堅持，並強調只是請他去商談對彼此都重要的事項時，卓杞篤回說：「如果只是要談談，我可以派女兒們去。」於是卓杞篤立刻請求必麒麟護衛他的女兒們去瑯嶠，要他保證她們可以平安回到保力的朋友處。這兩個女孩子在中國官員面前毫無懼色，她們拒絕

下跪，勇敢地說，她們的父親肯和外國人談和，是因為他敬佩他們的勇氣，他見過外國人冒著槍林彈雨無畏地衝上山頂（暗指麥肯基上尉帶領的衝鋒陷陣），外國人到他的地域談和，他們的動機很清楚；可是中國官員不一樣，他不希望和中國官員有任何關係。把卓杞篤的信息帶到後，她們拒絕再多說什麼，便跟著必麒麟先生回到保力。看來這是小事一樁，然而這件事再加上通譯的加油添醋，卻大大的改變了劉總兵對我們的態度。我們可不曾得罪他。

　　10月21日早上，我們去向中國將軍們道別，第二天他們就要回家了。當天下午，我們接到通譯的通知，說他無法勸使船長把「志願者號」開到瑯嶠，我們必須在25日抵達打狗，因為他預定那天要離開。我們無法在當晚走陸路回去，因為劉總兵只留給我們兩張轎子，所以我們決定，搭乘他提供給我們的一艘小戎克船，走水路回打狗。哪知風向不對，船一直來回轉向，無法前進；第二天早上，我們又回到射寮。很難再找到兩張轎椅，必麒麟先生及隨從們沒得坐了。假使我們無法跟著軍隊走，就需要有護衛隨行。當伯內爾先生為此去見劉總兵時，卻被告知乖乖接受他們提供的交通工具，無須多言；當他聽到連護衛都不給我們時，他向劉總兵說我的眼睛舊傷復發，無法忍受不能跟我的需求配合的旅行配備。劉總兵回說，很遺憾，他能做到的就是這樣了。我請求必麒麟先生提早徒步上路，並設法留住「志願者號」，直到我們抵達打狗。第二天，我就跟著劉總兵出發了。我們快速前進，中午就到了楓港，在那裡沒有受到任何款待。下午三點，我們到達莿桐腳，晚上就可以抵達枋寮了。但抬轎的苦力突然停下腳步，把我們放在路中央，便不見人影了；等了一個鐘頭後，某位侍從告訴我們，劉總兵想在這裡歇一晚。我

派伯內爾先生去找劉總兵，他說苦力累了，無法強迫他們繼續走。
伯內爾先生說，假使中國官員允許苦力走，苦力不會不走，但這
番話並無效果。我們現在任其擺布了。

很幸運的，我們找到一艘裝滿木材的小戎克船，便付了些訂
金，僱下這艘船。船正在卸貨，必須等一個鐘頭才能出發。這時，
我們注意到有一名偽裝的軍官，命令船主人不要載我們。我不給
船主人想的時間，便把船連接岸上的繫繩割斷，命令我的人手啟
航，離開該地。第二天早上十一點，我們到達東港；因為風向轉變，
我們登陸改以步行，那天半夜抵達打狗。

就在 10 月 25 日，我們被告知必須抵達打狗的日期，我們登
上了「志願者號」，然而船長卻拒絕開船，說是英國領事在等來
自台灣府的重要公文，要求「志願者號」遲延一天啟航，相信我
不會反對才是。我拜訪了該位領事，跟他說很遺憾的，我必須立
刻出發。

船終於開了，風向對我們有利，船正順利前行，但突然間，沒
有任何事先警告，船又駛回台灣府。除了認命，我還能說或做什麼
嗎？第二天早上，風勢停了，海面平靜如湖，但船依舊沒有起錨。
拖了半天，終於出發了，但不久又停在澎湖群島（the Pescadores）。
總之，我們在 26 日早晨離開打狗，30 日下午五時抵達廈門。兩個
月前，這段航程只需要十八小時。

從美國公使看待我在這次遠征中無私奉獻的態度，就可以了
解詹森總統（Johnson）任期後半段，美國派駐北京官員如何處理我
國的利益問題。我在 1867 年 11 月 7 日發出的公文，記載了有關我
剛剛陳述的這些事件的情報；而直到隔年的 3 月，公使才想到向

國務院（the home department）傳達我這份公文的內容[3]；甚至到那時，我公文中重要的附件也沒有被轉呈。相對於此，外國官員的作風則開明多了。儘管我曾遭遇英國副領事賈祿先生及當時的打狗海關稅務司的反對，但英國駐廣州領事羅伯遜爵士（Sir Brooke Robertson）在告知英國政府有關台灣南端土人殘暴對待船難者的消息時，即迅速地呈上一份我在當地所做事務的完整報告；報告中可能加上幾句贊同的好話。因此駐華盛頓的英國公使依據英國政府的指示，在1868年1月20日向美國國務卿表示，他代表英國政府對我的作為表達真摯感謝；但美國國務卿聽到此，只能很慚愧地回答說，自從1867年9月4日以來，他便不曾從公使館接獲我在台灣所作所為的正式報告[4]。

　　已逝的海軍司令柏爾，向來反對我與土人展開談判，卻也是第一個對我的作為表示贊同的人。他寫信給我說：「將軍，獲知您任務成功的詳細報告後，我真心感到喜悅。這次任務從開始籌備到執行，都面臨惡劣的環境；大概除了您以外，任何其他人都會氣餒了。能有這樣的結局，主要得歸功於您……」（長崎，1867年12月11日）[5]新聞界對此也讚不絕口。倫敦一家大報在檢視此次遠征的成就時，寫道：

3　原註：參看1868年的外交通訊。公使在1868年3月13日將我的公文轉呈給國務院（home office）的文件上說：「我本來可以更早就轉呈這份信件，但它上週才送達我手中。北京與上海之間的通訊速度在冬季時很慢，一名攜帶外交郵袋的信差，上個月在前往鎮江途中，死於山東的一場民變，致使郵件軼失了。」我相信，凡此皆不足以解釋為何我的信件花了五個月才寄到北京。【英編按：李仙得引用的文件，請見美國國務院，《美國外交通訊，1868》（Washington, D.C.: Government Printing Office, 1869），1：504。】

4　原註：參看外交通訊，〈西華致英國駐華盛頓公使函，1867年1月25日〉。

5　英編按：柏爾司令的完整信函，請見附錄五的第三封信。

　　根據最新郵電傳來消息，指出李仙得將軍在台灣的遠征甚為成功，令人激賞，也展示這位紳士的大膽與節制，是促成這次危險任務得以成功的關鍵因素。我們在中國的同輩對李仙得先生讚譽有加，我們已很難再添增其他讚美之詞了；可是我們還是要趁這機會給他高度評價，大家一致認為，李仙得先生這次的行動可謂「罕見地結合了堅毅與人道」。長久以來，我們譴責美國人總是趁著英國人在中國的成功而從旁得利，並沒有做出自己的貢獻；事實上，美國人就是坐收漁利，不勞而獲。但現在，美國人確實贏得值得記上一筆的勝利了。假使李仙得將軍僅是以美國的武力來懲罰這些台灣的野蠻人，便足以使我們大為稱謝了，但是他所做的更勝於此。他以非凡的機智及堅決，無疑也憑藉著對土人性格的敏銳了解，成功地勸使中國當局組成遠征軍，自行懲罰他們非法的臣民。他遵循「要完成事情，就要看著它完成」（If you want a thing done, see it done.）的格言，親自跟隨遠征軍行動，並和番社頭目談條件。這些條件能使雙方都得到尊嚴且有所節制，以致島上居民別無選擇地接受了。因此，感謝這位美國領事，往後所有自願或非自願登上這片不友善海岸的陌生人，都可以得到土人友善的對待；同時，也建立了一座砲台，可以時時監視土人，也提供船難者避難的地方；至於杭特船長夫人的遺骸，以及不幸的羅發號的部分遺物，也已尋獲。或許時間一久，土人會忘卻這個改正的教訓；屆時，需要另一位更嚴厲的人物讓他們銘記在心；但即便如此，也絲毫不會減少李仙得將軍在這次遠征中秉持精力與策略所取得的功績。

儘管嘉獎和讚美之詞不
絕於耳地從各方傳來，但許
多人還是非常不滿意我的作
為。有人對於我與卓杞篤達
成的協議是否有效，甚至是
否真的曾達成協議，都表示
懷疑。英國駐福州的領事辛
克萊先生（Sinclair）[6]，在當時
發表的一封公文中寫道，和
一族達成的協議，其效力並
不及於其他族；未來的船難
者不一定會在羅發號船員被
殺的地點登陸；假使他們不
幸落入凶暴的族群手裡，下
場會和過去一樣淒慘；因此，

↑ 美國亞洲艦隊少將司令柏爾（1808-
1868）（引自 http://upload.wikimedia.org/wikipedia/
commons/b/b1/Henry_H_Bell.jpg）

我所開啓的和平工作將會沒完沒了，將來勢必無法持續下去；因此
建議，與其被自己的夢想衝昏了頭，不如趁著我手頭上有軍隊，給
這個殘忍的族群一次狠狠的教訓。對於這些說法，我覺得還是不要
答辯；時間與經驗會證明我採取的方法是對的。

第七章

CHAPTER 7

—————◆◇✦◇◆—————

再訪卓杞篤[1]

· 1868、1869 年兩度走訪南台土民

· 1869 年確立 1867 年 10 月所締結的協議

· 中國政府對台灣番地管轄權的理論

1 英編按：李仙得這章是根據他在 1869 年 3 月 31 日寫給 J. R. Browne 的信（美國駐中國廈門領
   事館領事報告，1844-1906，M100 roll 4）所寫成。此信後來發表於 C. W. LeGendre, *Reports on
   Amoy and the Island of Formosa* (Washington, D.C.: Government Printing Office, 1871), pp. 26-38。
   本章的最後四段，皆未見於原信及其出版品中。

1868 年 4 月，我受到上尉指揮官畢爾斯禮（Beardslee）[2]的誠摯
邀請，乘坐美艦「阿魯斯圖號」（Aroostook）來台，打算再度走訪卓
杞篤，以便確認我在前一年與他訂的協約。我也要確定公使有沒有
成功的讓（中國）中央政府採行我所提出，也為十八社首領卓杞篤同
意，有關保護落入這塊敵意地區的船難者的措施。可是氣候狀況不
允許我前往預定的地方，被迫中途折返。此行除了勸誘一名在枋寮
的小酋長上船，觀看開砲及給他一些禮物之外，什麼事也沒辦到。

然而，第二年我就比較幸運了。1869 年 2 月 21 日，我從打狗
出發，27 日抵達某個距離海岸約 5 英里的地方，如以直線計算，約
離麥肯基上尉喪生之處 3 英里。與我同行的有南台灣海關稅務司滿
三德（I. Alexander Man）[3]和前面敘述過多次的必麒麟先生，以及五名
漢人雇佣。我們搭乘的是一艘小戎克船；我選擇這種不尋常的交通

↑　從陶德在淡水的住處所看見的觀音山，前景那艘大船即是「阿魯斯圖號」（引
自《Notes of Travel in Formosa》）

2　英編按：Lester Anthony Beardslee，美國海軍上尉指揮官。參見 *Dictionary of American Biography*
(New York: Scribner, 1928-1936)。

3　英編按：滿三德在 1866-1867 年任職於打狗（高雄）海關。見 Harold M. Otness, *One Thousand
Westerners in Taiwan*, 第 109 頁。

工具是有特別原因的，不然的話，在羅文司令（Admiral Rohan）[4] 誠摯的邀約下，我大可登上停在打狗的某艘美國砲艇。我跟這些值得信賴的人在一起，讓自己處於跟船難者相同的無防衛狀態，打算穿越整個土人地域，與土人見面，然後由他們帶路返回出發點。

我充分衡量過此行的風險，並不認爲有太大的問題。土人爲什麼會殘酷地對待船難者，是不難說明的，因爲根據他們尚未受到文明調教的原始是非觀，這樣做乃是報復他們以前遭受的不義攻擊的正當回應。根據荷蘭人及其他人的記錄，我們現在知道，白種人的確讓他們吃過苦頭。目前南台灣不同部落之間的爭鬥，幾乎都是源於先前世代所積累的嫌隙；這些世仇通常要到一方被滅絕，或是淪爲另一方的奴隸，才可能結束。我先前提過的郭德剛神父（Padre Saintz）[5]，很熟悉原住民的情形。他曾告訴過我，有個改信天主教的平埔族村莊，已和山上的某個部落像這樣爭鬥了一百二十年之久。近來平埔族村莊極力想跟對方達成和解，對方卻拒絕接受，預期對方要打到不勝其苦才肯罷休。因此，不管土人憎恨白種人的起因爲何，合理推斷一定有個原因，而不是土人生來就愛殺人。他們的酋長卓杞篤害怕難以承受部落與白人爭鬥的後果，決定要化解雙方的歧見；中國軍隊的出現，以及他們和我方船員交戰所受的損失，更加深了卓杞篤的恐懼。在那場麥肯基上尉喪生的戰爭裡，土人並不認爲打敗我們；他們以爲，我們是因爲沒能找到他們的村落才失望而歸；他們也想像，我們能夠以不會危及我們自身安全的其他方式

4　英編按：Stephen Clegg Rowan，美國亞洲艦隊海軍少將。參見 *Dictionary of American Biography*。

5　英編按：郭德剛（Fernando Sainz）是西班牙道明會的傳教士，1860 年代在打狗一帶事工。見 Harold M. Otness, *One Thousand Westerners in Taiwan*，第 142 頁。

↑ 萬金庄天主教區的平埔族住屋 (引自《Notes of Travel in Formosa》)

來懲罰他們[6]。尤其是我方船員退回船艦後,竟能遠在 3 英里之外
發砲造成他們傷亡,更加堅定了上述想法。在這些心思狹隘的人眼
中,這種事情只能用神意來解釋了。對十八番社而言,自從羅發號
船員被殺之後,就出現了一連串的不幸。我們先前對於必麒麟先生
及洪恩先生在南台灣歷險經過的敘述中,就已看過我方船員的出現
讓他們產生哪些恐慌;他們的傳統迷信也極大地助長了這種恐慌。

....
6 原註:對所有族群來說,這種出其不意的戰略都是非常值得嘉獎的。

因為他們將發生在他們身上的某些不幸事件，與他們幻想我們所擁有的魔力聯想在一塊。他們認為，能做這種事的人一定是與眾不同的；確實，這種人不像中國人那樣，一聽到槍響就撤退；甚至比無懼的土人更可怕，因為土人躲在叢林裡和敵人對抗，受到強烈壓迫時就會謹慎撤退。可是我們正好相反，越危險就越能激發勇氣，哪裡戰況激烈，我們就衝向哪裡，好像身處其中會更自在似的。土著認為，像我們這種人是無法征服的，與我們和平相處比相互為敵要好。兩年前我們曾給他們留下如此深刻的印象，我不相信他們會輕易遺忘。我的兩位同行者也和我意見相同，因此當我出發前往土人地域時，對我們的安全是沒有掛慮的。

　　現在回到我的主題。我們在2月24日離開打狗後，天氣很好；到了下午五點，風停歇了，我們被迫停泊在莿桐腳外過夜。當晚我們吃完簡單的晚餐後，就自行在甲板上搭起雨蓬，睡在雨蓬底下，很難熬的一夜。我們在清晨三點啟航，不久刮起一陣強風，差一點發生船難。雖然我們在破曉時分就進入射寮外的瑯嶠灣，但一直到中午十二點才登上陸地。第二天早上十時半，我們出發前往土人的領域，一行人包括兩位嚮導、六位扛著要送給各部落的禮物的漢人苦力，以及我們的三位漢人雇傭。我們往東南方走了一會兒，再沿著峭壁來到瑯嶠山谷，然後更向東行。很快的，我們越過包括車城與射寮的漢人、混生，以及保力的客家人的田野。下午一時，我們抵達猴洞，在此憩息片刻。我們的漢人苦力看到土人居住的群山，變得很害怕，說他們不願再往前走了。我們非常為難，當然盡力勸說他們繼續走。我告訴他們，他們在出發前就知道我們要去哪裡，既然同意來，無論願不願意都得跟著我走了；而且，如果此行真的

那樣危險，我也不跟著他們來冒險。看到我如此堅決，他們似乎決定要留下來。但是，當我正在跟平埔族首領商談時，他們就趁機溜之大吉，連薪資也沒領（這對漢人而言很罕見）；我差人去找他們時，他們已走了好幾英里了。還好這件令人失望的事並未造成多少耽擱，我隨即雇到了客家苦力，我們很快就入山了。這時是暴風雨的天氣，我無法觀測氣壓值，但我判斷沿途的最高處應該在海拔 600-800 英尺之間。站在最高點時，我們的視野越過卓杞篤居住的山谷，首次見到台灣的東面海洋，它與我們的直線距離僅僅 3、4 英里。之後山谷就大大的平坦起來，然而因其間穿過許多湍流，地形變化多樣。山谷的大部分土地適合耕種，長著許多羊齒植物、野生鳳梨及竹子。此趟旅行的筆記中，我曾記載在往北 80 英里處的內陸地區，生長著大量的椰子樹、熱帶棕櫚樹和巨大的樟樹，然而在這裡卻看不見這些植物，無疑的，是因為海風太強才讓台灣的這處狹窄部分變得荒涼一片。許多猴子在樹上嬉戲，可是看不到聽說這一帶盛產的動物，我的嚮導說，其中包括豹、熊、麋鹿、梅花鹿、野兔、山貓、山羊、水獺、老鼠、松鼠和野豬。在台灣北部可見的、大得像英國狐狸的深紅褐色飛鼠，在這裡不曾聽聞。我們只看見幾種鳥。這條路寬得可以通行中國式的牛車，我們後來發現土人也使用牛車；這種牛車通常由三、四頭公牛拉行。我們又走了 4 英里路，下午五時來到射麻里人最大的聚落。該村落的形狀像是一隻打開的螺絲鉗子，我判斷距離東海岸約一小時的路程。在唯一入口的兩邊，都設有防衛用的堅固竹柵；車輛和牲畜（這是該部落的全部財富）能夠輕易進出這個入口。

　　土人很和善地招待我們，欣然同意我們在村落的廣場上搭營

↑ 射寮以東的原住民部落（引自《Notes of Travel in Formosa》）

帳，但是我們的雇傭一看到土著的矛頭上裝飾著很長的人髮，卻不免感到害怕。我們好不容易才讓他們安心鎮定下來，非常疲倦地回到帳蓬裡。

　　第二天一早，我們給卓杞篤傳去抵達的信息。他很慢才回話，老實說，當他的兄弟出現時，我們已快按捺不住了。卓杞篤的兄弟說，他們的族人幾天前上山打獵去了，明天早上才會回來。我們除了等待，也沒其他辦法了。為打發時間，我們接受射麻里土目伊厝（Esuck）的邀請，到他家拜訪。伊厝的家離村落約一小時路程，四周漂亮地圍繞起來，是一座以竹子和泥土建成的傳統房子，很適合這個經常發生地震的地區。打狗以東的土人常喜歡使用遍地皆是的石板或砂岩做為建材，這裡倒是很罕見，即使某些地方有露出若干這樣的石材，也是皺褶很多，大概工匠覺得無法派上用場吧。伊厝

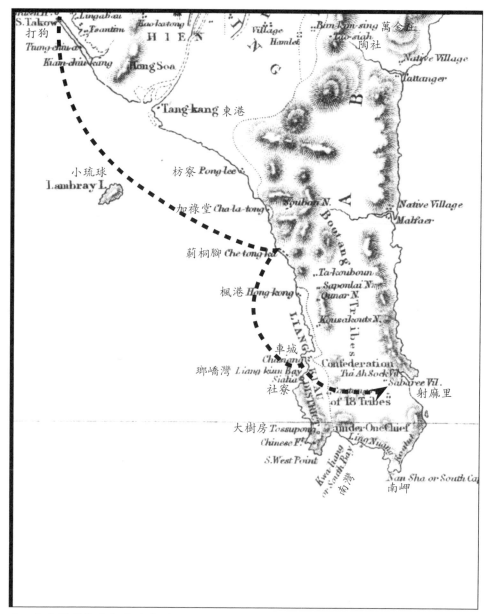

↑ 李仙得再訪卓杞篤路線圖

的房屋及其附屬建物的清爽整潔，令我們不禁大爲讚嘆。

伊厝家的庭院簡直一塵不染；就清潔程度而言，他的牛圈足以和我們所佩服的比利時或法國的模範農場相媲美；他的雞寮乾乾淨淨；農場外的花園及稻田，眞是美麗如畫。這座建築面向東，屋簷下，每隔一段距離就懸掛著鹿角做爲裝飾；這種屋頂是乾草做的，類似美國還未引進火災保險制度以前的古代小屋，然而屋頂的乾草不是用麻或柳條綑綁，而是以薄竹片固定。伊厝家有四個房間，廚房在南面，旁邊是臥房，然後是大客廳，北邊那間我們沒看過。每個房間都有開向前院的門，但是沒有窗。招待我們的那間房間裡，傢俱很少，只有兩把椅子和一張桌子，都是漢人製造的。他們拿出一幅中國畫給我們看，畫面上是幾名盛裝的中國少女，正在彈琵琶，這幅畫被他們視作珍品。伊厝的火繩槍置放在鹿角上，靠著對面的牆板，是如此潔淨光亮，好像才剛從武器工匠手中買來似的。在門口對面的牆邊，放置著今年所產的小米，對台灣的土人而言，小米就像是漢人的稻米一般，幾乎是一種神聖的東西。在每年的某一天，會舉行盛大的收成儀式，全族都會參加。小米是土人的食物，也可以做成可口的小米酒。小米堆疊得如此整齊，我乍見還以爲是一張錦織的掛氈。

我們正好奇地東看西探時，伊厝的太太端來一杯當地的酒，伊厝則給我們菸抽，小孩們在地上丟一把白熱的木炭，給我們點菸斗。南台灣的菸草味道甚佳，全島的土人都叫菸草「踏馬可」（tamacou），非常像西班牙的菸草名。菸草是從馬尼拉引進到中國的，我想它也是從馬尼拉引進台灣的。閒聊一陣子之後，他們邀請我們共進晚餐，可惜我們必須婉拒，因爲夜幕很快降臨，回程的路崎嶇難行。我們

急忙趕回紮營處，回來後，聽說大土
目卓杞篤從山上回來了，明天會和我
們見面。

射麻里族的男人體格強健，眼睛
又大又直，頭髮剃成漢人模樣，後面
拖條辮子，這是他們和漢人打仗的結
果，因為偽裝成這種造型比較容易通
過敵人的陣線；就這點而言，他們和
北邊的鄰族不一樣，那裡的原住民髮
型是馬來式的。他們的服裝，下身是
邊緣刺繡的黑色小短裙，上身是馬來
短褂，其前面下緣和臂膀周圍也有刺
繡，衣服上還掛著銀鍊子和各式各樣
的小徽章或金屬、玻璃片，都是中國

↑ 射麻里的男子（引自 http://academic.
reed.edu/formosa/gallery/image_pages/
Ibis/SabariMan_B.html）

製的。有些人，多半是年長的男人，還會多穿一件鹿皮或豹皮外套，
而輩份較低的則纏著頭巾，像廈門和汕頭（Swatow）的船夫那樣。他
們的武器是閃亮的明火槍（firelock）[7]、短劍（像是我去年寄回美國的那
種）、竹製的弓箭，其矢頭是鐵或銅做的，出自保力的客家人之手。
婦女看來大都乾乾淨淨，體態勻稱，有的還相當漂亮，面容姣好，
神色溫柔。她們的頭髮是中分往後梳，額頭兩側以平箍固定，其餘
的頭髮則披在頸後，漂亮地交纏著銀線和紅布，在頭頂盤綣兩圈，
形成一個高髻，就像美國婦女多年前流行的髮型。她們穿的短褲幾

7　譯按：以燧石發火的舊式槍。

↑　李仙得（圖片中央的左一）與射麻里居民（引自《Notes of Travel in Formosa》）

乎垂到膝蓋，上衣有袖子蓋住臂膀，衣襟從頸部到腰部以下，像漢人一樣的開邊衽。男女都穿耳洞，在這直徑四分之三英寸的耳洞裡，嵌入各式材質做成的耳飾，從竹做的到銅、銀做的，後兩種是中國製的；這點，上次我走訪卓杞篤時已注意到了。

　　就我所知，他們的男人把時間耗在打獵上，女人則是照顧家務、從事農業。有另一種人與他們生活在一起，身份比較像是農奴而非奴隸，會幫忙女人從事農務，這些人就是北方阿美族（Amias）的後代。他們一定很久之前就已來到這裡，因為他們私下雖以阿美語交談，卻能很流利地講主人的語言。他們的膚色比南部土人白皙，一

般來說也較高、較健壯。我們前已述及，遇有戰爭時，他們可以組成一支重要隊伍，加入土人聯軍作戰。我想這兩個族群之間應該通婚頻仍，這很可能是射麻里人，以及更一般的說，卓杞篤領導下的諸部落，跟西海岸及內陸（從玉山到瑯嶠灣之間）的部落形成獨特性差異的原因所在；雖然後者講同一種語言，過同樣的野蠻生活，因而被認為應該是來源相同，但是後者無論在外表、服飾及智能發展方面，都遠不如前者。南部的部落不實行一夫多妻制，家庭連帶似乎很緊密。至於宗教方面，我一無所知，只曉得他們沒有偶像崇拜。關於他們的民事和政治法令，我也得不到任何資訊。他們計時的方式和我們不一樣，對於我們用以區分時間的小時、月和年，他們似乎沒聽說過。他們現在的計時法跟 17 世紀荷蘭統治時期相同，先前已提過這一時期的土人習俗。他們的語言和日本、馬來的語言一樣，有很多圓潤的音及流音（liquid sound）[8]；該語言和其他亞洲語言的相似處，我另有文章論及[9]。就像日本人、琉球人（Lewchewans）以及北方的土民，他們用十進位來計算。例如，他們的一、二、三是 ita、lousa、torrow，十是 porrow，二十就是 lousa porrow，即兩個十，三十就是 torrow porrow，即三個十，依此類推。他們的數字講法和所有的其他名詞一樣，各個方言都不同，而方言的差異情形就像荷蘭時期那樣，有多少族就有多少方言。

　　他們不知道本身源自哪裡，只有龜仔用人自稱（祖先）是坐船從

8　譯按：指 l、r 或 m、n、ng。

9　英編按：李仙得指的是本書未收錄的兩段文字。其一是手稿卷三的某一段落，係根據 17 世紀荷蘭人對原住民習俗的敘述；其二是卷三的最後一章，標題為「台灣土著的語言」。

10　譯按：自墨西哥灣北流至大西洋之大海流。

東方來的。由於有藍色的墨西哥灣流（Gulf Stream）[10]，以及沿台灣南岸及東南岸往南行的泥濁海流存在，使得龜仔用人的這種說法帶有若干根據。此外，前述必麒麟先生 1867 年 9 月從豬勝束人手上贖回的巴士島民之經歷，也添增這種說法的可信度。他們當初是乘坐一艘小船去捕魚，結果稍稍漂離了巴丹群島（the Batanes）某一島嶼的外海，就被強大的潮流帶到台灣的東南海岸；巴丹群島位於台灣東南岬以南 85 英里處。

　　第二天早上，卓杞篤在指定的時間出現了。我們立刻認出彼此，他看到我似乎很高興，開口就說，他對我的族人（指白種人）的感情沒有改變，希望我對他們的感情也一樣。我告訴他，我所來之地的白人多如繁星，我當然無法跟所有的人聯絡，可是這些人中的有權者，已批准我和他的和平協議，只要十八部落尊重我們幾個月前所做的協議，他們就不會派遣帶有敵意的船艦來到台灣。他問我是否確定我的族人不再重啟昔日的爭執，我答說不會再追究了。他接著問，我這次來是否帶來什麼新的友善提議，我回答沒有，不過因為上次的會面時間非常短促——這是必然的——所以我希望藉著這次從容的對談，請他就我們上次在出火所得到的共識，做出更明確的說明。他說，關於旗子，大小沒有關係，只要是紅色的就行；在發生船難的情況下，他不要求船難者一定要出示紅旗；但如果他們這麼做，確定他們是朋友，就會受到更多的照顧。他說，需要壓艙物及飲水的船長要特別注意，一旦必須靠岸，先得舉起紅旗，使其飄揚，直到岸上的土人也升起類似的紅旗為止。他提到兩個地名，船隻可以到那裡取得好的飲水。他說，土人稱呼「水」為「lalium」，稱「石頭」為「chachilai」，「饑餓」是「machoolia」，「冷」是

「lelicki」;「兄弟」是「kaka」,「酋長」是「mazangiel」[11]。他堅持,
外人不得走訪他們的村社及獵場。「我們對你們很好奇,也高興看
到你們,」他這麼說,「可是我相信,讓你們自由進出我們的聚落,
只會惹來新的爭端,一切舊事又會重演。」

　　土目的兄弟會說流利的中國話。這時對我說,既然我們可以把
口頭的話寫在紙上,假使我能夠把雙方同意的事項付諸文字,以便
族人和船難者發生誤解時派上用場,他會很感激我。雖然我對他的
主意很驚訝,卻立刻從善如流。我的想法是:儘管這種非正式的紀
錄不具有官方文件的價值,但既然透過簡單的方法,就能夠使在台
灣南部停泊變得相對安全,我就應當廣為公開這方法,經由各國當
局告知他們的船隻,倘若漂流到當地海岸應該如何行動。這份紀錄
如下:

卓杞篤統領下的地域
射麻里社,1869 年 2 月 28 日

　　卓杞篤係瑯嶠以南十八部落之土目,亦管轄瑯嶠以東山
脈至東海之間的領域,包括台灣的南灣,亦即美國三桅帆船羅
發號船員被龜仔甪人殺害之處。應卓杞篤之請求,我,美國駐
廈門及台灣領事李仙得,謹就我與前述卓杞篤在 1867 年所形
成之共識,做成此備忘錄。此共識業經美國政府批准,我相信,
亦為北京外交官員所贊同,其內容如下:

....
11 譯按:Douglas L. Fix、John Shufelt 版本的記述略有不同,差異如下:「水」為「tatium」、「饑
餓」為「machootia」、「冷」為「teticki」、「酋長」為「marangiel」(p. 291)。

卓杞篤統領下的十八部落，應友善對待船難者。船難者應盡可能在靠岸前升起紅旗。

壓艙物與飲水——需要補給之船隻，須先派遣一名船員到岸上揚起紅旗，直到類似紅旗在岸上揚起時始能上岸，並只能在指定地點為之。船員不得走訪土民山區及村社；如獲允許，也只能限制在豬勝束港（此處為東海岸最南的溪流，在南灣的東南岬之北。今港口溪）及大板埒（此處在羅發號船員遇害地的岩石之西。今石牛溪），後者是東北季風時期較好之汲水地。在上述情況外擅自上岸者，後果必須自行負責，且在遭受土人侵犯時，無法期待該等政府保護。土人將不負責該等人士之安全。

美國領事李仙得

證人：南台灣海關稅務司滿三德

證人兼通譯：必麒麟

把這份文件交給卓杞篤，我自己留下草稿後，我又送給他德記洋行（Messrs. Tait & Co）和怡記洋行（兩家廈門的公司）提供的 180 碼紅色羽緞、一把小手槍、一枝單管獵槍（已無法使用）、一支矛，加上滿三德先生提供的象牙小望遠鏡及盒子，以及我自己贈送的一些玻璃珠、若干戒指、手鐲及一箱琴酒。我手中唯一一把可用的槍，是優良的恩菲槍（Enfield），給了一位來自射寮的忠實嚮導；他是 1867 年劉總兵為防禦當地所徵召的民兵之一。卓杞篤沒想到我會對他這麼好，顯然相當感動。「如果你帶這些來買通我，」他說，「那就多費心了，因為我是說話算話的；但如果這些禮物是表徵我們的友誼，那麼我會愉快的接受。當然，話是人說的，我們又怎知對方

的真意呢？」說完，他就離開了房間。

不久，一位老婦人安靜、不誇張地開始了一場宗教儀式。她行禮如儀地祈神祝願和乩舞（以顯示她被超自然力量附身）之後，就莊嚴地在廣場上走來走去，手上持著滿杯的水，邊唸咒文，邊往地上灑水。儀式過程中，她從未裸露身體，也不曾展現出任何類似荷蘭人所記錄的那些令人作噁的手勢或姿態。

一會兒之後，她就走開了。就在她主持過儀式的地方，族人擺上了飲食，每個人都出席，只有土目除外，他在附近房間用餐。這餐吃了將近一小時，有飯、豬肉和水。雖然我帶來很多他們很喜歡的烈酒，但他們卻喝得很少。儀式結束後，他們跟我早上看到的同樣安靜與清醒。

那時是下午三點。我本想再待久一點，希望趁機瞭解他們的宗教、習俗與政治制度，那是我很想知道的事情，但又想到，假使我們沒有必要地逗留過久，恐將引起他們的警戒心，懷疑我們這樣做是為了研究當地的地形及進入的方法。一旦他們對我們如是懷疑，便很難打消他們的想法，可能會造成很大的傷害。因此，我毫不遲疑地告知卓杞篤，我們的家在遙遠之處，我必須立刻回去；然後，遵循他們的方式，我沒有多說就發出離開的信號。我們立刻拔營，行李安置妥當，不到十五分鐘就離開了，並彼此鳴槍致意。除了鳴槍，這些土人沒有其他道別的方式；這可是全島各地常見的習俗。

歸途中，我們在出火稍加停歇，這是十六個月前我和卓杞篤見面之處。我仔細地檢視該地。它位在一座石板構成的小丘之斜坡；這種石板充滿皺褶，是被兩邊的火成角礫岩與珊瑚礁岩擠壓而成的，它們必定是在過去的某個時候穿過大片板岩而爆發出來的。出

火（Volcano），或更正確的說，「有火的山」（fire hill），並非中國話「火山」使人聯想的那樣，而是在一條湍流的岸上的一連串裂隙，有些較輕的碳化氫氣體從裂隙中洩排出來，和我走訪邱苟時所敘述的情形相同。必須先往地面挖數英寸深，在上頭點燃些乾草，氣體才會洩排出來，接著就會開始燃燒、蔓延開來，直到當地特殊的強勁海風將它吹滅為止。出火位在貫穿全島的一長串山脈的末端，該山脈起於邱苟，往東延伸到雪山（Mount Sylvia），再往南到南灣。這裡的地質就像我們前面所記載的，含炭砂岩、石板、石灰、頁岩和黏土等交替出現。

我們在日落前抵達平埔聚落猴洞，和他們的頭目阿三（Assam）一起過夜。他們現在的生活形態和兩百年前並無兩樣，只是不再從事漁撈，因為漢人早把他們趕離岸邊，乃至無法再捕魚了。當然，因為和漢人經常互動的結果，他們的方言必然會受到若干改變；他們大多數人都會講很流利的中國話。他們的服裝也和過去不同，而且也不難在他們的居處發現福建人所拜的天后神像（媽祖），以及某些客家人祭拜的偶像。我沒有聽過他們內部的管理方式和節慶禮俗。不過，我知道他們一如往昔，只要受辱，立即發怒，起身反擊；他們和山上的土人一般，最喜好敵人的頭顱。他們唯一在行的工藝是織布，多由婦女們負責；所產的麻布精美、強韌，是用某種苧麻或生長在山上的其他纖維植物織成。有別於大多數山地土人，他們知道金錢的價值，可是並不貪婪。我可以舉例證明這點。我曾送給土目阿三若干他們很喜歡的英國製紅布，以及一點珠寶，他便回贈我一些鹿肉及一塊新鮮豬肉，強要我接受。

我們只花幾個鐘頭就到了射寮，抵達時間是第二天的十點，又

餓又累，急著想回到打狗。

　　第二天下午兩點，風向對航行有利，我們起航了。經過楓港時，我們注意到一處景點，聽說國姓爺鄭成功的妻子就埋在那裡。村庄附近的山上，住著強盛的大龜文（Takubien）部落，據說有一千名戰士。我們在枋寮停留一天，本想上山，但漢人不斷阻擾我們，只好作罷；因此，我們立即再往北行。因遇強風，我們被迫在離東港幾英里遠的地方靠岸；第二天（3月5日）早上七時，我們安全抵達打狗。

　　在這趟旅行中，我確信台灣的土人信守承諾，但遺憾的是，那些預期至少該遵守同等誠信的中國人，卻沒有依照雙方協議行事。我本來認為，中國官員和我呈送羅發號事件協議給公使及北京當局批准之前，他們會向北京當局建議在瑯嶠地區立縣設治，部署軍防，然後獲准在大樹房蓋建一座砲台，呼應已故柏爾少將及前任公使蒲安臣（Anson Burlingame）的建議。5月時，公使指示我敦促福建當局須遵照北京上級的命令（配合上述看法）行事；我照做了，並先後得到總督（英桂）及派往台灣協調已故英國領事吉必勳（John Gibson）[12]與台灣府當局之間爭議的欽差大臣承諾，保證讓我滿意。但很快我就發覺被騙了。當這名欽差大臣在台灣府的時候，因為我人未在現場親自督導，結果他甚至未向台灣的地方官員提及此事。現在我發現，劉鎮台在 1867 年所建的臨時砲台已被廢棄；砲台內原有的兩尊砲和少數駐守士兵都被調到車城了。為何這麼做呢？據他們說，是因為要對該地區進行第三次測量，並須向北京呈報新的調查結果。

---

12 英編按：吉必勳（John Gibson），英國駐台灣府（即台南）代理領事。參見 Harold M. Otness, *One Thousand Westerners in Taiwan*, 第 59-60 頁。

能幹的南台灣海關稅務司滿三德及必麒麟，都反對設立這座砲台，也不希望瑯嶠地區受中國政府管轄，建議我們應完全信賴土著，他們當時看來滿友善的。我和這兩位先生的看法不同。首先，卓杞篤不能反對在大樹房建砲台，因為1867年我和他晤談，講到必須建座砲台時，這個地點就是他自己指定的。誠然，卓杞篤主張自己有權向瑯嶠山谷的混生收取貢金，因為這些人多年前從他手中獲得使用土地的權利，他的佃農們一定要履行交納貢金的義務。但我看不出來此事跟在當地設縣有什麼衝突；假使真有衝突，中國政府可以照樣納貢給卓杞篤，或是不要收取當地人的土地稅即可；要不然，假使中國政府想買，卓杞篤也同意的話，他們也可以取得這些土地。大家都明白，在大樹房建立砲台的原因，是要有一個足以管轄全島的亞洲政權，或是外國勢力，讓土人知道他們受到監視；假使他們破壞約定，將隨時會有一支強大武力前來懲罰。

在呈報給美國駐北京公使上述事項時，我同時也提到，光是領事權並不足以督促中國官員遵從他們的國際法義務。我說道，南灣是中國海域最重要的航路之一，但同時也是風暴、自然災變最嚴重肆虐的地方之一；當航行的船隻欲轉向東銜接墨西哥灣流時，這裡是唯一容易出事的地方，而當他們要逃脫大浪襲擊時，這裡的沙灘也是船員唯一可以登陸之處。因此，我們無論如何都得讓這裡變得安全不可；我懇求公使給我明確指令，讓我可以使上述願望獲得實現，這一願望是符合美國政府的觀點的。

當我還在等待指令時，我也沒放過勸服中國政府的機會，說為了他們的最佳利益，有必要履行他們對於土人的義務。我告訴他們，如果他們抱持番地不屬於帝國管轄範圍的心態，未能在需要建立政

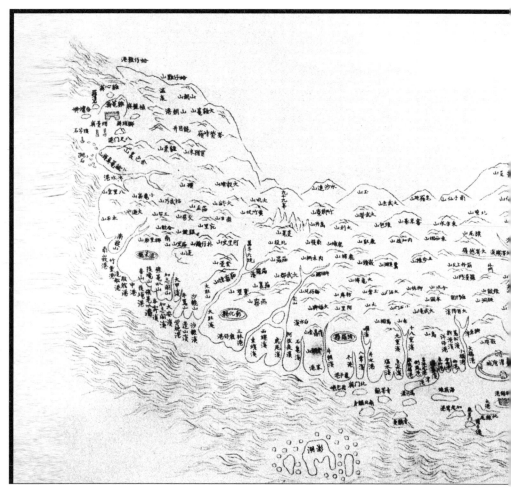

↑ 18 世紀中葉《重修台灣府志》裡的台灣府總圖（引自《Notes of Travel in Formosa》）

府的土人地域——如南灣——建置常設政府，那麼其他想在東方取
得據點的國家，甚至冒險家，一旦獲得當地土人頭目的同意，就有
權利在東海岸建立永久、獨立的領地；到時，有關邊界管轄權的糾

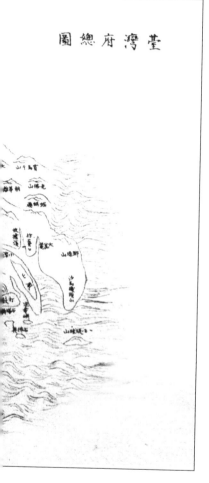

紛問題一定會帶給中國政府相當大的困擾。我向他們解釋說，即使他們目前無須立即在台灣東部所有部落建立統治機構，仍然可以透過聲明，表達他們對這些領域具有絕對行政權力，儘管若干地區尚屬蠻荒未治，也是如此。

我指出，他們不能光憑在 1430 年發現台灣島，就聲稱擁有這塊島嶼的權力[13]。因為即使在今天，他們在地圖上仍將台灣的很多地區標示為未知領域（terra incognita）。即連他們目前據有之地，在淡水（Tamsui）和雞籠附近以粗線標示的山脊地區，早在幾世紀之前便為日本海員所發現，並佔據過；蓋日本船舶在發生 1585 年革命事件之前[14]，早就航行在亞洲海域，遠達印度孟加拉灣（Bay of Bengal）。事實上，薩摩（Satsuma）居民在遠古時代便曾和台灣土人交易往來；當荷蘭人 1622 年來到台灣時，發現土人許多語言和特徵，尤其是衣服及許多習俗，都跟日本人有類似之處。1622 年荷蘭人征

---

13 英編按：李仙得曾以匿名發表小冊子《台灣番地是中華帝國的一部分嗎？謹呈公正意見，並附八幅台灣地圖》（*Is Aboriginal Formosa a Part of the Chinese Empire? An Unbiased Statement of the Question, with Eight Maps of Formosa* (Shanghai: Lane, Crawford & Co., 1874)）。其中第二頁，寫的是 1436 年。

14 英編按：李仙得似乎是指織田信長在 1582 年遭刺殺後，豐臣秀吉取得政權之事。

服台灣西邊部分海岸，隨即宣布佔領該地的管轄權。

　　台灣土人部落的前端，有友善的客家人及平埔族聚落做爲屏障，爲此，他們一再聲稱對於自己領地享有完全獨立和絕對的主權；對於這項主張，如果中國政府未能根據萬國公法，在此地建立主權，那麼還是有效的。依據公法，半開化的政府有權佔領，並持有近鄰野蠻土人的土地；無須顧慮野蠻土人或是其他人的反對。這就如同美國政府佔據印地安人土地，或是英國政府佔領澳洲與紐西蘭土人地權一般，讓土人享受文明的好處，從而剝奪他們對於主權的主張。如果能夠做到這一點，那麼，中國政府將得以控制東岸的土地和土人；此後，他們將無法建立法外組織，也無權和個人或是其他國家簽訂協約。土人雖然落入監護狀態，但其本質絕非是壓制性的 (*contra naturam*，即：違反自然)，蓋有關他們的管理法規會謹慎地規範所有的權利與義務。土人雖然變成政治附庸，卻享有完全的自然 (或天然)權利 (*Iure naturali, omnes homines liberi nascuntur*，即：自然法下，人皆生而自由)。他們得以建立特殊而獨立的社區，以自己的方式管理部落。他們有權保留原有的土地及獵場；他們可以持續維持既有的維生方式和生活作息，如同平地漢人享有稻田和漁場一般。必要時，他們可以將土地租賣給中國政府或私人，並轉讓所有權利。這些權利不受平地漢人或其他人的迷信、信仰或習俗所約束或影響。假使他們因農作而需砍樹或清除地面，儘管照做。如果他們因探尋礦物資源而需要炸石或挖地，也沒有問題，並可允許他人這麼做；若是換作漢人，這些開礦行爲可能犯法被罰。他們可以自己開礦，也可轉讓開礦權利；他們得以建造自己的房子，也可准許他人興建任何大小、樣式的房子；在漢人聚落可能就沒有這項權利。他們可以自由地做這些

↑ 中國統治區與原住民領域的交界地帶 （引自《Notes of Travel in Formosa》）

事，是因為它們符合他們自己的法律，適合大多數文明國家的慣例，
也不違反他們對中國政府的特有權責（或稱權利關係）。

　　中國政府得以運用的權利之一，就是可以全力制止土人不得任
意對外開戰，或是襲擊任何文明國家的人民財物。如果他們犯了這
些罪行，中國政府就有責任懲罰他們，並要求賠償受害者。如果中
國不能恪盡此項責任，那麼，這些蠻荒地域在實際上（de facto）就屬
於未曾佔有地塊；任何想要佔領它的強權，可以去那裡行使他們的

政治權利，建立符合世界各國利益的（社會）秩序；此項工作原是中
國政府應做而疏忽未逮者。因此，只要土人還未開化，清朝皇帝對
台灣土人地域的主權，就像前面所說的，就不是絕對的，而只是有
條件的，端看皇帝有無意志與能力來履行統轄該地域所需擔負的權
責；一旦他疏於執行這些責任，他就喪失其權利；此時，文明國家就
可以合法佔有這些蠻荒無主地域；此種情形，正像佃農繳不出田租，
或未能盡到田契所列應盡義務，地主有權加以驅趕出界一般。

第八章

CHAPTER 8

南岬之盟的成效

· 1869 年 9 月巴士島民在南灣發生船難
· 1869 年年底洪恩先生船舶在島嶼東南端觸礁

正當我盡力讓中國當局瞭解——儘管沒有成功——有必要履行
對整個文明世界的權責時，台灣南端傳來兩件船難的消息。關於第
一件船難的情報，是當地政府在 1869 年 9 月 11 日接獲的。那天晚
上，一艘載著二十二名男人及一名女人的船隻，在六名武裝漢人的
看管下，從車城抵達打狗。帶領護衛的頭人說，大約在 9 月 8 日傍
晚，這夥人來到車城，說他們遭遇船難，希望能夠去打狗；車城耆
老依照瑯𥕐地區居民在 1867 年簽訂的協議[1]，指派他護送這些人到
打狗或台灣府，交給所屬當局代表[2]。

↑　打狗港的入口（引自《Notes of Travel in Formosa》）

1　英編按：李仙得原本在此有一註腳，提及他與卓杞篤之間所達成的協議，以及 1869 年 2 月 28
　　日寫下的非正式紀錄。見本書第七章。

2　原註：見《海關公報》（*Customs Gazette*），上海，1869 年 12 月 9 日，第 69 頁。該公報是奉
　　海關總稅務司之命出版的。

　　依據英國駐打狗領事固威林（Wm H. Cooper）先生，當時也代理西班牙領事之職，呈給廈門西班牙總領事費羅多先生（Senor Faraldo）的電訊看來，這些船難者除了一兩人外，都來自 Bayat 島。他們 9 月 6 日從該島啓程，乘一艘八櫓的船，上頭裝滿椰子、豬油和檳榔，準備前往聖多明哥（San Domingo）；剛開始海上吹輕微的北風，在行進中，他們估計再幾個鐘頭便可抵達目的地。未幾，突然吹來一陣強勁的南風，把船的桅杆和帆都吹走了。他們拼命划櫓，直到精疲力竭；濤天的巨浪還捲去船上的四個同伴。他們隨著海潮漂流，來到了南岬，決定上岸弄些米和水。靠近海灘時，船撞到一塊礁石，船身受損，水很快進到船艙裡，他們決定將船拖到沙灘上；但浪一打來，把船給弄翻了。上岸後，他們立即被五名武裝漢人搶了錢和其他財物，連身上的大部分衣服都給剝了。幸運的是，這些船難者中有一人就是曾被必麒麟先生從豬朥束社人手中救出來的八名巴士島民之一，此事我在前面已敘述過了[3]；在此人的嚮導下，這批人在被沖上岸的三、四個鐘頭之內抵達車城。他們在車城受到親切的食宿款待，車城人還護送他們到打狗。

　　第二件船難由中國海關職員休斯（T. F. Hughes）先生公佈周知。他有特殊管道可以取得可靠資訊。他的敘述再清楚不過。以下見 1871 年 1 月 31 日中國政府發行的《海關公報》：

　　一艘淡水美利士洋行（Messrs. Millisch & Co.）[4] 租用的戎克

3　英編按：李仙得在這裡寫了個註腳，內容可參見第三章。

4　英編按：指美利士（James Milisch）創立的公司。1868 年，他和洪恩在蘇澳（Suao）附近建立一處短暫的前哨站。

船，爲取得在雞籠建築所需的木材，航往東北海岸某地；洪
恩先生（James Horn）[5]是美利士洋行的僱員，跟著一群人登上
該船。當該船滿載貨物正要返回雞籠時，突然遇見一陣暴風；
船隻被吹向南邊，桅杆和帆都被吹走，船身更被拋到豬勝束河
以北的岩岸，斷裂成碎片；接著巨浪捲來，不幸地把洪恩先生
與十七名平埔番都沖到海裡，其他的人，包括一個馬尼拉人、
一個馬來人及十六個平埔番，則被沖上岸。洪恩先生及其他被
沖走的人從此不見蹤影。這十八名船難者則沿著沙灘走了一段
路，進入卓杞篤的地域，遭卓杞篤族人接管；番人對待他們的
方式即使稱不上仁慈，至少也算有所節制。他們抵達部落不
久，透過附近某些友善漢人的介入，促使土目派出一位使者去
找必麒麟先生，傳達關於此事的不充分消息；必麒麟是怡記洋
行在台灣府的僱員，在某些蠻族部落間頗負盛名，他因會講中
國方言，曾對李仙得將軍在1867年努力促成的協議助益頗多。
必麒麟先生接獲船難的情報後[6]，就和另一位先生及筆者一起
出發前往南岬了；他並不了解船難的詳情細節，只是一心想提
供協助，希望這些遭受卓杞篤羈留的船難者，無論他們是誰，
都能夠跟隨我們步上歸途。

11月12日，我們從打狗乘坐一艘無頂的漁船，沿著西海
岸往南航行。第二天早上到了楓港，抵達一個漢人居住的小散
村。當地居民靠捕魚，以及和鄰近的混生及野蠻人做生意維

5 原註：此人就是在1867年爲找回杭特船長夫人遺體，陪同必麒麟先生去南台灣探險的那位洪恩
先生。
6 原註：1869年11月12日。

↑　當地的牛車（引自《Notes of Travel in Formosa》）

生，彼此關係似乎很友好。牛車從內陸運來的大量柴薪，似乎
是主要的出口物；也有部分鹿角和鹿腱的出口；同時出口少
量的米，據說其米粒是島上最大、最白的。我們在楓港下船，
改為徒步南行，沿著在此處與大海相接壤的壯麗山脈之底部前
進，穿越一片灌木叢生的地區，看來杳無人煙。兩旁盡是最雄
偉壯麗的自然景致，右邊是延伸到西方地平線的大海，左邊則
是壯闊的山巒疊嶂，原始森林直鋪到山巔，我們穿過一處密
林，聽說裡面藏著各式各樣的野生動物。野蠻人經常在這附近
打獵，偶爾也就地埋伏，襲擊任何招惹到他們的不幸旅人。漢

人與野蠻人作戰時，沒有什麼折衷的辦法可採用或可預期；原漢之間常有爭端，因爲這裡天高皇帝遠，以牙還牙（*lex taliois*）成了他們唯一的指南及仲裁法。當爭端發生且有人喪命時——這並非罕見之事——就必須有更多人喪命，而這些謀殺將會引致更多的報復，所以這地區幾乎經常處於戰爭狀態。因此，從楓港陪我們南下的苦力都全副武裝；當我們走出森林，來到車城附近有人居住的地區時，也發現所有的居民，從正在犁田的強壯農夫，到田野上最小的牧童，都裝備著火繩槍、矛和弓箭。屯墾的漢人戒慎恐懼地工作著，因此即便是城鎮附近的土地，也無法達到和平狀態下所能達致的耕種率。車城，有時也叫做瑯嶠，是一座圍著部分城牆的城鎮，居住著福建移民的後代，他們約兩百年前移民至此。許多平埔番，即平原上的土人，到車城做買賣。在這裡，中國或外國的產品，以及各種各樣的原住民珍品、火繩槍、劍、刺繡的上衣及囊袋、銀飾腰帶等，都展示待售。值得一提的是，瑯嶠灣在東北季風時節是船隻的主要停泊處。再往南幾華里（li）就是射寮，一個風景如畫、舒適的村子，座落在瑯嶠灣的海岸上，也是漢人居住的村子中最南邊的一個。我們在射寮，一如過去所到之處，受到最盛情的款待；恰好我們的主人是土人酋長卓杞篤的老朋友，第二天早上，他就讓他的兒子護衛我們去土人地域。

從射寮到山裡的沿途風景極其壯觀；大部分土地都沒有開墾，但覆蓋著濃密的熱帶植物，長得很茂盛；車前草、野生鳳梨和婆娑的竹子，益增景致之美，四處可見優雅的檳榔樹伸展著長長細細的莖柄，頂端簇生著裝飾性的葉子。經過小村庄

↑ 山區旅行需得全副武裝，圖為李仙得一行在山區紮營情形（引自《Notes of Travel in Formosa》）

附近時，我們注意到有若干種植小米、番薯等作物的田地；可是離野蠻人的管轄地越近，景致便越荒野，越少遇到任何作物。小村庄通常都有樹陰遮蔽，住處周圍叢生著高大體面的竹子，而房子一般都很乾淨，用品幾乎一應俱全。居民都很慷慨盛情，我們不管走到哪裡，都會被邀請入座，並奉上食物和飲料。我們入山越深，越看不到真正的漢人面貌：尤其是女人，在射寮之後，就看不見真正的漢人婦女了。就外貌與禮貌而言，這裡的男人與女人似乎都因混了野蠻人的血而得以改良：男人看起來比較誠實、勇敢及慷慨，女人則顯得更美麗、自然而端莊。

傍晚時分，我們看到了太平洋，卓杞篤所居住的山谷也在我們眼前。從這裡開始，就是真正的野蠻人獵場，看不見任何耕作了：極目所見，是大片遼闊的草原，上頭覆蓋著密生如綠波的野草，它若落入文明人手中，可能會種上有用的植物。

鄰近的巍峨山脈，從底部到頂尖，盡是參天古樹，據說森林中充滿了野鹿及其他大型的獵物。

我們穿山越嶺的途中，經過一處在台灣並非罕見的奇怪景觀，就是從燒硬的地上噴出一道明亮的火焰。他們說這是火山，但顯然這火燄是由於地底下的石油泉揮發氣體在無意間或因其他方式被點燃所造成的。這種奇觀的出現頻率，證明了這個島上還有未曾開發的礦產。

我們日落時抵達卓杞篤的住所，那是一座長型的單層樓建築，房子的中間部分比其他部分高了幾英尺，牆壁是泥磚砌的，地板又硬又乾，房子以竹材和泥漿做成的隔板，分成六個房間。在整座房子的前面，有一片固定的竹簾，從地面延伸到屋簷，距離主牆約三英尺，既可防風又可防曬，而且像是走廊般的，給各個主要房間門之間留下一道遮蔽的通路。房間沒有天花板，但是屋頂的內部以乾草與竹片做成，非常精巧且藝術。這座野蠻人的皇宮，除了在入口處懸掛一些野生動物的頭顱外，沒有什麼顯著的飾物；看不見任何象徵主權的標誌物，事實上，沒有任何東西可以證明我們正處在十八部落總頭目的屋簷下。

他們說，大多數人都外出打獵去了，酋長本人則正在調解他所管轄的兩個氏族間的爭端。在此同時，我們被帶往羈留平埔族船難者的房子。這些可憐人看到我們，露出興高采烈的樣子，讓我們覺得這趟長路沒白跑。過去的十五天，他們一直對自己的命運感到憂慮，如今看到我們的到來，無疑看到了希望，幾乎確定很快就能獲得釋放。

　　在我們返回酋長的房子之前，正好有機會——希望不要再有第二次——看到一個激動到快要殺人的野蠻人。當時我們正要離開，剛好有兩、三個龜仔用人，也就是犯下羅發號事件的部落，醉醺醺的出現了，其中一位——他是我畢生所見最狂野的人——沒來由的突然發飆，拔出了劍，怒氣衝衝地揮舞著，然後把劍插在地上，不斷唾沫四濺地高聲尖叫。我們知道，野蠻人對於是否割下落在他們手裡的陌生人的頭顱，有著兩極的看法。我們離開後，這位龜仔用人緊隨在後表演戰舞，令人忐忑不安。當我們冒險回頭一看時，更驚覺這人手上已引弓待發，還好最後被一個女人，也許是他的太太，安撫了下來。野蠻人性情反覆、難以信賴，特別是幾杯黃湯下肚後，我們在那裡似乎有些危險；但實際上，自從這件事過後，一直到我們離開野蠻人部落為止，他們始終對我們款待有加，甚至連這位狂野的龜仔用人，在我們離開之前也對我們份外友好。

　　我們回到卓杞篤住處時，發現晚飯已準備好了：主菜是鹿肉、豬肉和上好的米飯，並佐以非常好的番酒（「山蘇」samshoo），是以番薯蒸餾而成的，由卓杞篤家的婦人拿來招待我們。我對他們的款待倒不是那麼驚訝，因為我們本有心理準備，我驚訝的是他們自然優雅的感情和舉止。他們不斷為菜色不夠豐富、招待不夠周到而道歉。當門口圍著一群好奇的男男女女，定睛觀看我們進食時，也很快的被主人斥為無禮而趕走。在諸種其他面向上，我們也驚訝於這些「野蠻人」的細心體貼及樸質禮節，這些特質在許多文明人或假裝文明的人眼中，都是足以增添光彩的。晚餐結束後，我們移到主要的房

間，事實上是卓杞篤的會客室，與我們新認識的朋友蹲坐在一起，很快就覺得賓至如歸。我們抽點社交菸，透過漢人通譯閒聊。當主人得知我們想聽他們唱歌時，便毫不遲疑地立即引吭高歌。他們唱了幾首歌，都是自然發音的低聲部曲，雖然相當單調，但偶爾也出現引人悲情的奇妙曲調。Congreve 說：「音樂具有撫慰野蠻心靈的魔力」，這些原始的演唱者，雖然有時會像老虎般兇猛而殘酷，此刻卻沉浸於繆思的溫柔感染力，在我們面前像孩童般的安靜馴良。事實上，除了上述那個例外，我們很少見到卓杞篤的族人發野蠻人脾氣；如果我們一定得挑剔他們的某種性格，那就是他們太過友善與好客了，我們很少將這些特質與未開化的人聯想在一起。野蠻人是一種獨特的人，有好的一面，也有壞的一面；好的一面是他們與生俱來的，因為這些品質在客家人中並不顯著，而客家人是他們主要接觸到的人，至於壞的一面，則大多要歸咎於他們周圍引人墮落的環境。

如同大多數未開化的人，土人僅把人生視作一件瑣事，像是別人看待晚餐一樣。可是我們當記得赫胥黎教授（Professor Huxley）曾說過：「在世界初期，人類的原始衝動不是去愛他的鄰居，而是去吃他的鄰居。」就我們所知，這裡的原始人是完全不吃人的，他們甚至有意放棄自己的殺念，不再任意殺戮無辜的陌生人。根據這些事實，我們可以合理推論，他們在通往啟蒙與文明的路上已有些進步了，無論進步的幅度是多麼輕微。當然他們還有很大的改善空間，但我們能從中看出一個良好民族的雛型。就種族而言，這些原住民所具備的體格優勢，

↑ 共飲的原住民婦女（引自《Notes of Travel in Formosa》）

是他們的漢人鄰居所無法企及的；無疑的，這某種程度可歸因於「生存競爭」的結果，因為野蠻人為生存而競爭的程度遠比文明人激烈。土民男子身材筆直、體態良好、生氣蓬勃；土民女人則接近我們能想到的凡人的極致。但是很遺憾的，他們沒有醫生或可利用的藥物得以存活弱病者；每日的征戰中，強者必然獲勝，弱者終將敗亡。

南部的野蠻人比起北部的野蠻人，與漢人混血的較多，主要是和客家人；他們至今已適應了征服者的習俗，削掉前面的頭髮，腦後掛一條辮子。他們外貌最顯明的特徵，就是把大片的木頭或貝殼塞進耳垂中，使耳朵看來又大又醜。他們的男人穿著乾淨合身的刺繡上衣；下身是一塊缺乏剪裁的刺繡布，半包裹在腰身上，往下延伸到大腿的中段。女人的衣飾則特別端莊美麗，經過刻意裁剪，用以顯示優美的體態。她們整理濃密頭髮的方式，是改良自漢人的髮型，相當接近某些歐洲的髮型。我們見到許多女人，沒一個難看的；如果不是因為經常咀嚼檳榔，紅紅的唇嘴令人嫌惡的話，她們的面貌是很動人的。

就像所有馬來及波里尼西亞民族那樣，台灣大多數的原住民都吃檳榔，無論男女老少，均沉迷於這種迷人的麻醉品中。他們見面時，習慣上會打開裝有檳榔「材料」的囊袋，遞上檳榔來問候對方。這玩意會讓我們早期的許多吸鼻煙者咀嚼得面紅耳赤。吃檳榔的準備工作很簡單：先把一些荖葉塗上由貝殼燒製而成的石灰，再將檳榔仔緊裹在葉子中，便能放進口中咀嚼。這樣咀嚼究竟帶來何種快感，因歐洲尚未有實驗研究，所以無法說出個所以然，但其中必然有快感，不然的話，也不會

整個太平洋，從南到北，有好幾百萬人一生都嚼個不停。或許除了菸草外，沒有其他麻醉品比檳榔更被廣泛使用了。即使是嗜用檳榔的人，也說不清楚其中的快感是怎麼回事。他們通常會說，咀嚼檳榔會增加唾液分泌，減少大量出汗；它會使口氣芬香，保護牙齒，清潔齒齦，讓口腔清爽。然而它也沾污了咀嚼者的唇和齒，看來紅紅的，使歐洲人極其厭惡，但土著無疑認為這是一種時髦的裝飾。可能石灰、唾液與檳榔仔、荖葉的成分之間所發生的化學作用，會產生興奮和愉快的效果。

抵達後的隔天早上，我們和卓杞篤見面，討論此行的目標。這位頭目年約六十歲，身材高大，結實有活力，旁邊圍繞著多名主要顧問，很慇勤地招呼我們。我們都坐在長凳上，沒什麼客套。會談開始之前，有位老婦人端來一杯「山蘇」番酒，讓每個人都啜飲一點；她也不斷低吟著某種曲調或獨白，這可能是一種咒語，用以驅除因這次密談而造成的邪惡影響。我們馬上被告知，頭目只要我們支付某筆金額，以補償船難者羈留期間所造成的花費，便放這些人自由離去。以當時的情況，我們並不覺得索價過高，便毅然承諾支付，前提是他們要繼續寬待船難者，等日後信差把錢送來，就要釋放這些人。任務結束後，我們表示不便耽擱，打算立刻離開，但頭目裝作沒聽見，強迫我們留下和他共進豐宴。我們期期艾艾的同意了。土人馬上歡呼一聲，紛紛拿起弓去打獵，將以獵物做為辦桌的主菜。不久他們就回來了，帶回的獵物足以盛大宴請全族。隨即展開相當藝術性的切切割割、洗洗煮煮。宴會終於開始了，我們很榮幸有桌椅可坐，卓杞篤和他的隨從則在地上蹲坐成兩排。他

們以前一定從西方人那裡掠奪來不少東西，因為我們的桌上還擺著銀製的叉子和湯匙。總之，他們為我們保留一片片美味的獸肉，盡其所能的想讓我們感到舒適和快樂。宴會到了尾聲，我們好不容易才離席，在一個馬尼拉人的陪同下，開始我們的歸程。許多招待我們的友善族人護送我們好一段路，然後又狂野的叫了一聲跟我們道別，聲音在山谷中迴盪不已，這就是我們離開卓杞篤地域的告別儀式。

最後要說的，就是我們離開後，卓杞篤很友善地對待那些覊留的平埔番。當我們回到打狗，帶回船難者中包括中國臣民的消息後，地方當局就派信差把卓杞篤要的錢帶到了，船難者立刻移交給當局，安全的抵達台灣府。希望他們能夠很快回到北部的家鄉。

第九章

CHAPTER 9

———❖❖❖———

牡丹社慘案

· 英籍「倫敦城堡號」船難

· 牡丹社東南邊界發生 58 名琉球人被殺案件 [1]

· 1871 年我搭乘美籍「亞士休洛號」船艦 [2] 前往事發地點，

並會見卓杞篤

---

1 英編按：關於 1871 年琉球人被殺人數，李仙得在此處及他處所說的是錯誤的，正確人數應該是 54 人。

2 校註：清代官方文獻稱「亞士休洛號鐵兵船」。

在洪恩先生及巴士島民船難事件後約兩年，台灣南部的同一地區又有船難消息傳到打狗。

1871年7月23日，英籍「倫敦城堡號」（*London Castle*）的大副及部分船員十二人抵達打狗，報告在台灣西南岸發生船難而棄船，並宣稱該船的船長和其他船員共十一人，在船難處對岸登上陸地。

從他的敘述看來，船難是發生在南灣[3]，而船長及其他船員登陸的是龜仔用土人地區。霍必瀾先生（Pelham Warren）[4]是英國駐台灣領事的助手；聽聞此事，立刻依職權採取援助行動；7月30日，接獲英國領事命令，他便親自前往南部搜救船難者。

8月2日，霍必瀾先生在道台（按：台灣道，最高文官）委派一位中國官員的陪同下，從埤頭起程。他們乘坐轎子到枋寮，中途在東港過夜。在枋寮的時候，霍必瀾先生接獲消息，他在埤頭派出的信差已找到船長和船員行蹤；其中，船長及一名學徒已經獲釋，隨信差回到打狗。霍必瀾先生進一步得知，船難不是發生在南灣，而是在瑯嶠灣，大約在射寮以南7、8英里處。船長和船員落入一個小部落的酋長或頭人手裡；該部落名義上屬中國政府管轄，但實際上卻可獨立行事。這人名叫陳福愿（Chen Fuyuen）[5]。他把船難者帶到內陸6、7英里處，要求每人需贖金1000美金。船長和學徒之所以獲釋，是因雙方已達成共識，由這兩人負責帶回他們自己和其他九

---

[3] 原註：我這段敘述得歸功於英國駐台灣領事有雅芝先生（Hewlett），他係根據英國駐打狗領事的得力助手霍必瀾（Pelham Warren）先生的報告。

[4] 英編按：霍必瀾（Pelham Laird Warren）後來成為英國駐台灣府（台南）領事。Harold M. Otness, *One Thousand Westerners in Taiwan*，第164頁。當時的英國駐打狗領事是有雅芝（Arthur R. Hewlett）。Harold M. Otness, *One Thousand Westerners in Taiwan*，第76頁。

[5] 英編按：陳福愿是楱榔林（Tanglanglin）村的頭人，見水野遵，《台灣征蕃記》，第270頁。

第九章 ｜牡丹社慘案｜
1 4 5

名船員的贖金。

霍必瀾先生接獲此消息時，海上風浪正大，沒有人敢於出航。瑯嶠與枋寮之間交通斷絕，他只好等待風平浪靜再說。在枋寮待了將近一週後，他設法找到一艘小舢板，準備乘往 20 或 25 英里外的瑯嶠。中國官員不敢搭乘這種小船，留在枋寮。8 月 8 日傍晚，霍必瀾先生及其部屬抵達射寮外海。當時風浪還是很大，難以橫越沙洲，好不容易經過一兩次嘗試，他們才在八點左右登陸射寮。8 月 9 日早上，八名船難船員逃脫，走到射寮；另一名伙夫因被看得很緊，沒能逃成。

霍必瀾先生數度透過漢人，交涉釋放伙夫，未被接受。他向英國領事呈報交涉過程如下：

> 我指派曾經陪同我一起看過陳福愿的領事館通譯，前往交涉釋放該員，並交代他，在萬不得已的情況下，可以答應不超過五百美元的贖金。一聽到贖款，陳福愿立即表示願意釋放該員，外加破船取來的航海時鐘、衣服和其他物件；他說贖金由英國領事決定就好，也請我們原諒他耽擱了交人的時間，因為他不想把這人交給漢人。第二天，伙夫被送到射寮。我立刻帶著這九名船員搭乘小戎克船前往打狗；他們週一（8 月 14 日）破曉從射寮出發，週三中午到達打狗，在海上整整航行了 54 個鐘頭。
>
> 有關贖金，我相信是漢人慫恿的詭計。漢人原本希望陳福愿把船難人員交給他們，然後轉交我們，要求支付豐厚的賞金，而不是贖金。當我在陳福愿那裡時，他並沒提到贖金；何

況當地的漢人不但沒有幫助我營救伙夫，反而再三阻擾我的行
動。這些事實證明我的猜測是對的。

　　就我所知，陳福愿的那個部落並不歸卓杞篤管轄。我在
射寮時，獲知卓杞篤曾數度打聽李仙得將軍，非常希望再見到
他，以便延續他們簽訂的條約。

　　在英國領事有雅芝（Hewlett）告知卓杞篤希望跟我見面的時候，
我還沒有接到上級指示應該如何回覆，雖然打從 1867 年以來，我
就一直要求公使給我這方面的訓令；加上我當時正在考慮是否要返
回美國，接受葛蘭特總統（President Grant）征召，擔任駐（阿根廷）
布宜諾思艾利斯（Buenos Ayres）的公使職務，因此我幾乎不知道該
如何做才對。正當我自覺沒有足夠的授權去和十八部落的酋長卓杞
篤商談，猶豫要不要赴約之際，意外的受到羅德傑斯司令（Admiral
Rodgers）[6] 的鼓勵。他支持我一貫的想法，身當領事，不管在任何時
候，都須協同本國海軍制止海盜行為。我們兩人都認為，搭乘軍艦
叩訪卓杞篤領域，正是履行我最重要的一項職務；這對所有駐外人
員，從公使到最卑微的海軍少尉，都是應盡的職責。

　　我接受羅德傑斯司令誠摯的邀請——那是出自幹練的美國駐上
海總領事西華先生（Seward）之議——在 1872 年 2 月 29 日乘坐華理
士艦長（Captain Wallace）指揮的美艦「亞士休洛號」出海了。3 月 1
日早上，我們抵達台灣府。我的林姓通譯（林鍼）奉命上岸。當我繼
續向南航行之際，他要與島上的民政及軍事當局聯繫，向他們解釋

6　英編按：羅德傑斯（John Rodgers）是美國海軍艦隊司令。

我走訪台灣的原因，也通知他們我會在 3 月 12 日或 13 日回到台灣府，希望有機會和他們談談。

　　在華理士艦長的同意下，我們於抵達台灣府一個鐘頭後離開。我們從廈門橫越台灣海峽時，一路波濤洶湧，雖然前一天風已經變小了；等到我們行經台灣沿岸，駛過打狗和東港時，海面卻平靜如湖。當天下午五點我們抵達枋寮，登陸上岸。大約在兩年多前的 1870 年 2 月 17 日，在我前面提過的一場對話中，我曾催促島上官員要在南部設立官制；當時道台（黎兆棠）答應我，將在枋寮及楓港各設衙門，配置軍營，並調撥八名自願應召的軍官指揮楓港和大樹房的 100 名士兵和 200 名民兵。他說，事實上他已向總督（英桂）陳報此項計劃，並可能在 1871 年卸職之前，就能獲得戶部撥款，支付這些編制。我在枋寮登陸的目的，就是想確定這裡是否已經按照

↑　台灣府城牆附近的街道（引自《Notes of Travel in Formosa》）

承諾，派駐官員；如果真有派駐，中國官員是否遵守 1867 年對鄰
近土人部落的承諾，酬謝他們協助船難者。從上述承諾迄今，台灣
南端發生過三起船難，土人都能保護船難人員。我調查的結果是，
官方只是派遣一位軍部傳令兵駐紮頭人村莊，其他什麼事也沒做。
至於我若想知道土人的情況，當地居民居然說，需要支付一筆錢，
才願意幫我聯繫他們。我聽到後，就回到船上，決定晚上在此停泊
過夜。第二天（3 月 12 日）早上，我們開往射寮，在上午十點抵達。

我們隨行當中，有一名來自台灣府的本地領航員。此人在當地
有親戚，因而奉命上岸隨同在領事館服務、會講南部地方方言的詹
漢生（James Johnson），陪同我去找一名混生，彌亞（Mia）或稱楊德
清（Yen Ticktchien，音譯），交換意見。彌亞曾在 1867 年及 1869 年擔
任我的嚮導；他的父親和卓杞篤結親，關係緊密。彌亞不在，由另
一名漢人代替。帶著這人參觀軍艦後，我和華理士艦長便在他陪
同之下，前往射麻里部落，期望借道往東，抵達卓杞篤居住的豬
勝束社。

登陸之後，我注意到該地居民很侷促不安；我費了很大功夫，
才找到一個信差，請他先到土人那裡，通知我們已經到了。

我和詹漢生四處閒逛，試著打聽一點消息時，碰到上次造訪這
裡遇過的老婦人。她告訴我一樁全然出乎預料的消息，嚇了我一跳。
據她的說法，大約一個月前，一群看來像是日本人的男人，被沖到
豬勝束社北邊河口的牡丹社領域。這些人被土人誤以為是漢人；除
了 12 人逃走外，其餘全遭殺害。這名婦人說，這些生還者已被送
到打狗。她還表示，假使他們是白人，土人就會饒過他們；可是根
據我與部落在 1867 年的協議，漢人並不包括在內，不能享受外國

↑　1874 年拜訪西鄉從道的親日部落頭目攝於射寮彌亞家（引自《The Island of Formosa: Past and Present》）

人的豁免權。

　　我忠實的嚮導彌亞到了深夜才來，我們一起討論了剛聽到的消息，決定明天早上出發去目的地。我們這一行的成員是：華理士艦長、隨船外科醫生、一名裝備有調查工具的軍官、一名海軍陸戰隊員、彌亞、某位射寮頭人的兒子（這個混生也做為嚮導）、攝影師李光泰（Lee Khong Tek，音譯）及兩位助手；另外，27 名挑著我們的行李和給土人禮物的苦力，以及我和詹漢生。除了醫生外，我們全都徒步而行；醫生身體衰弱，坐在四名轎夫抬的轎子上。為了讓這一行人安心，我決定在土、漢邊界仍然使用漢人苦力，而不換成混生。

同時，我也派出第二名信差告訴土人，希望跟我一起來的人，無論是漢人或白人，都可以得到他們的保護。當天下午五點，我們抵達射麻里聚落。在那裡聽說接待我們的主人正在與龜仔甪社人交戰，因此需要再送一個口信給卓杞篤，希望我們的人不要受到傷害。我們在一名土人住家度過很糟糕的一夜後，準備起程前往卓杞篤家。同時，分送禮物給土人。我的攝影師利用機會，冒雨朝我們南面的地區拍了張照片；這張照片很有價值，因為它照到三個從海面上看得到的地標。如果我們與土人發生爭端，必須在內陸進行軍事行動時，可以派上用場。我們也拍了一張跟土人的合照，包括華理士、一名酋長、彌亞和我自己，都在照片裡。我還把必麒麟先生的石版照片貼在門的上方，讓土人觀看；他們曾於 1867 年見過這位忠實無私的通譯和我在一起。從照片中央，可看到他的肖像，也藉此向土人顯示照相機的功用。

↓ 「我的攝影師利用機會，冒雨朝我們南面的地區拍了張照片」（引自《Notes of Travel in Formosa》）

↑　「我們也拍了一張跟土人的合照，包括華理士、一名酋長、彌亞和我自己，
都在照片裡」（引自《Notes of Travel in Formosa》）

　　由於天氣陰暗，加上華理士艦長和我考慮到其他因素，不宜進
行天文觀測，因此沒有在地圖上定下我們所在位置。此時，卓杞篤
的兒子帶來他父親的信息，我們便束裝前往豬勝束社。

　　卓杞篤住處距離射麻里聚落約兩小時路程。我們穿過一座美麗
的山谷，道路先朝北，接著轉正東，之後再稍往南。沿途兩側的土
地幾乎都種滿作物，但族人的住屋都被竹林遮蔽著，要走到離屋子
很近才看得見。所以這片高度開發的地區，乍看之下幾乎空無人煙。

卓杞篤的房子在一條河流的出海口附近。我們涉過這條河，爬上一條往右而去的山路，不久就來到大酋長的居所。酋長本人或許忙著解決他的族人與龜仔用社的爭端，人不在家。對我來說這是家常便飯，但我的同行者卻感到不安。我們是早上十一點到的，下午兩點酋長還不見人影。五點時，酋長猶未出現，射麻里的酋長伊厝（Yee Suk）看我們頻頻問起卓杞篤，顯得很焦慮的樣子，就把我帶到一邊，透過我的通譯說，他不驚訝我們會擔心，因為他自己也覺得無法放心；卓杞篤很可能去到某個對我們有敵意的部落，被請去喝酒，把我們要來的事全給忘了；因為卓杞篤不在，我們在此地過夜會有危險；我們最好盡快趕回他的聚落。

我認識伊厝多年了，知道他嫉妒卓杞篤，喜歡讓卓杞篤不痛快，所以我毫不猶豫地回答：我是不怕的，如果他感到害怕，希望離開，就無須為了我而留下來；我們這一行人急著要見大酋長，所以才會問起他的行蹤；我們會一直留到卓杞篤回來為止。我剛回答完，卓杞篤人就到了。

為了迎接我們，他們殺了一條閹牛和一隻豬。準備盛宴期間，我們聚集在屋內最大的房間，相互問候。面對正門口，擺著一張中國式的大床，卓杞篤、我和醫生坐在床上；左邊的長條椅坐著華理士艦長、一位軍官、兩位嚮導及幾位土人；他們的對面則是附近大村落的幾位名人，特地前來看我們的。我告訴酋長，聽說他希望見我，既然他不能來看我，我就來看他；聽說他的兄弟病了，而他對我們的醫師有信心，所以我邀請船上的外科醫生同來。這位醫生聽說過卓杞篤對我們所做的一切善舉，儘管自己正病著，依舊欣然答應我的請託，將盡一切力量來醫治他的兄弟。我向他介紹華理士艦

長、軍官和海軍陸戰隊員，並提及我帶給他的禮物是 27 名漢人扛來的，希望他能夠善待這些漢人。我說明天早上會把這些禮物拿出來，也想知道他要跟我商量的事情。

卓杞篤答道，我帶了禮物，讓他覺得不好意思，因爲鄉下偏遠，沒什麼禮物可以回贈，所以請我下次來時，務必不要再帶禮物。他接著說他很高興看到我，自從我們 1867 年見面以來，他便竭盡所能地履行我們的約定。他說，這份協議錄是他最寶貴的財產，平常就藏在旁邊匣櫃裡；如有需要，他可以拿出來讓我看看他有否確實遵循所有細則。他給了個暗號，匣櫃就被打開，拿出備忘錄及紅旗。這面紅旗是我在 1867 年和他首次見面時送給他的；當時約定船舶如要上岸補充壓艙物、木材或飲水時，須先揮揚這隻代表友誼的紅旗，方能進行。

卓杞篤說，他轄下的海岸發生過兩次船難，卻沒有揮動一次紅旗；甚至連同觸礁難船登陸的漢人，也當作是我們船隻的船員，一體保護，送交給我。可是讓他遺憾的是，他從來不知道這些不幸的船難者到底有沒有交到我手裡。我回答說，他所保護的人不是我們國家的人民，而是屬於友好的盟國；他們對他很感激，也曾經送禮物給他。他說，他什麼也沒收到，不過沒關係，人平安到家就好。他又說，他老得很快，隨時都可能死亡，最好我們每年冬天都見個面，不然的話，他的族人可能會忘記我們之間的協議；現在既然相聚了，不妨藉機在大家面前覆述一遍協約。據他的理解，除非遭遇船難，否則任何未出示紅旗的登陸者，都會被當作敵人殺死；至於船難者，無論出示紅旗與否，一律會受到保護；可是，如果有人在登陸前從船艦上開槍，那不但威脅不了他們，還會被他們殺掉。他

說，儘管船難者及其財產皆會受到保護，但是船骸的殘片應該歸屬
於他的族人；假使旅客或船員救起裝有貴重財物的箱匣，他們會協
助這些人帶走箱匣。

　　如果撈撿的東西當中，有他的族人想要的，他將代為提出要求；
不過，如果所有人拒絕，也不必害怕會有所冒犯。這時，酋長的一
位兄弟問我，從台灣南部航行到美國，需要多久的時間；我們是否
有很多船舶會經過他們的海岸。他說，從他住宅後面的高岩上，他
經常看見輪船經過，但他不知道這些船上的人是敵是友。他又說，
假使這些船舶是朋友，他們經過時，最好照樣懸起紅旗，那麼他們
十八部落將會很感激；因為紅旗一旦升起，他們就會知道朋友駛
過此處。隨後，卓杞篤接口再度表示道歉，讓我們久等了。他說，
做為酋長經常需要外出，處理重要事務；方才前去處理的，就是
刻不容緩的急事。這時傳來膳食準備就緒的聲音，我們就出去圍
坐吃飯了。

　　在晚宴上，我有意測試卓杞篤和下屬伊厝之間的友誼與和諧，
到底有多堅強。為此，我請他們合唱，並要求在歌詞中加入四字的
疊句（這是我盡全力拼湊出的原住民語句），意思是「卓杞篤和伊厝像兄
弟般團結」。聞此，大酋長立刻站起來說：「不要唱這種東西」，
兄弟情應該是同心的，但他卻經常管不動他的族人，更不必說他底
下的酋長了。他顯然是在暗示他們內部龜仔用人與阿美人之間的不
和，也可能是在暗示四十八名來自琉球的日本人被處死之事。我稍
後得知，他曾反對將這些琉球人處死而未果。沉默了一會兒，卓杞
篤又說——可能是為了譴責伊厝不聽他的勸告和龜仔用人開戰——
「不要唱這些話，我為我自己及豬勝束社的人負責，但對其他人我

經常無能爲力。」因爲他已喝了很多，情緒激動，遂離開房間。卓
杞篤在講些什麼，其他酋長們心裡有譜，個個面面相覷。尤其是伊
厝，他在卓杞篤回來之前，原本一副相當輕率的態度，以致初次與
他見面的華理士艦長幾乎被嚇到了，此刻卻變得既體貼又和藹，讓
我們難以忽略其轉變。其他酋長也仿效伊厝，發誓說永遠和我們爲
友，假使我們的人被其他惡劣的部族侵犯或傷害，他們將不會袖手
旁觀；爲了表示他們很想取悅我們，他們便提議要跳舞給我們看，

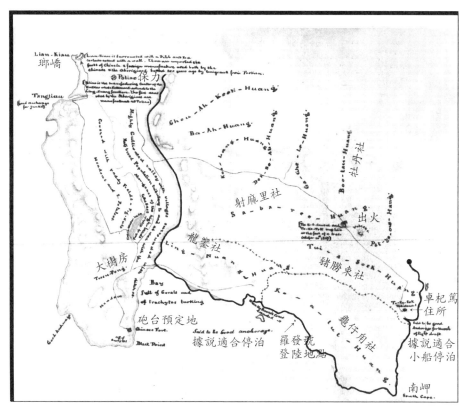

↑　圖中粗線所涵蓋的，就是卓杞篤的領域，可見其控制的海岸線不僅極長，更
　　有適合船舶下錨停泊的地方

以及提供其他餘興表演。但這些都被我婉拒了，畢竟我們來此是為
了討論至關重要的事情，既然已無法討論，就該利用時間休息；如
果可能的話，我們明天一早便會離開。因此，我們回到他們為我們
準備的住房，裡面是中國式的好床。儘管外面風雨交加，我們依舊
睡得很好。第二天一早，也就是 3 月 5 日，我開始分送帶來的禮物。
等醫生看完病人後，我們就與他們道別，循著來路折返西岸。

　　早上十一點，我們來到射麻里聚落，稍事休憩。我急著想趕路，
但伊厝酋長和其他人不由得我分說，說要宴請我們；卓杞篤請過我
們，他們也不能漏氣。他們正在準備宴席時，我向忠實的嚮導彌亞
詢問日本船難者被殺害的事。

　　我說，這些人不是漢人，根據先前的協議，土人應該饒恕他
們的。我又說，我沒有在卓杞篤面前談及此事，是因為我聽說卓
杞篤還不及阻止，牡丹社人就犯下此件罪行；我知道卓杞篤對此
很不高興，我也看得出來他要控制那麼多部落是非常困難的。彌
亞回答，中國政府該為此事負責；假使他們遵守對我的承諾，派
駐一些具有充分授權與武力的官員，那麼牡丹社人就算沒有時間
將日本船難者送到台灣府，也可以輕易地與這些官員交涉贖人的
事。彌亞也證實了卓杞篤的說法，土人並未收到幫助與保護船難
者所應得到的獎賞。

　　就拿 1869 年發生在東岸的船難事件來說，這 22 名船難者的生
活所需，都是卓杞篤自己出的，他事後並未收到任何報償。當然，
卓杞篤很富有，不在乎這些酬金，但至少他若得知他所救的人都已
安全到家，也會感到高興。但中國政府卻沒有傳回任何訊息。

　　彌亞說，我不時給土人帶來禮物，對於誘導土人遵守協約，具

有很大的作用；要同他們維繫友好關係，鼓勵他們保持良好行為的最佳方法，就是每年選定一天，分送一點他們喜歡的禮物。他說，協議內容應該對土人保護船難者及其停滯期間費用，訂立賞金及補貼辦法。如果能做到這點，就不會發生這次 48 名琉球人被害事件。他說，不但牡丹社不太願意協助卓杞篤遵循援救船難者的協議，連龜仔用社也常責問卓杞篤，說他讓外人自由進出土人領域。看來土人頗不安分，除非我留在當地，或儘快回來處理種種棘手雜事，否則恐怕會爆發事端。我告訴彌亞，根據美國與中國訂定的條約，我們不能無故干涉南台灣的事務，但我會立刻知會台灣府當局，敦促他們遵照他的建議去做。我告訴他，假使他希望陪同我去台灣府，我會讓那些官員瞭解他所做過的貢獻；他們如果願意照著做，或許他的意見將來可以派上用場，有助於促進外國人在南台灣的利益。

　　伊厝、其他三位酋長和陪同我們至此的卓杞篤兒子，以及彌亞、華理士艦長及其軍官，加上我，坐在他們準備的盛宴桌旁。開動前，如同前一天在卓杞篤那裡一樣，每位酋長念了一段祝福我們的禱文。宴席中，伊厝提到各社之間不合的原因。他說，我應主動召集各社，與各社酋長重新確認我們在 1867 年所達成的共識，以便將此共識建立在更緊密、明確的基礎上。我告訴他，我無法在此久留，不過，我會努力找機會再回來。

　　天氣好極了。我們在下午一點離開射麻里聚落，□□[7] 到射寮，一路疾行，幾乎沒有休息。我們當晚在射寮過夜，住在彌亞的房子。第二天早上，我們拍了幾張射寮及其東北方山丘的照片。其中有一

---

7 英編按：原文空白。可能是「傍晚」。

↑ 射寮的河流，遠方是原住民所在的山區（引自《Notes of Travel in Formosa》）

張照片，裡面有華理士艦長、調查地形的軍官、醫生及我，失事的「倫敦城堡號」的殘骸就躺在我們面前。這些殘骸被客家人帶到射寮，然後再轉運到打狗處理，準備賺上一筆。我之所以提到此事，是為了顯示土人與客家人之間具有密切的生意往來關係。

同一天（3月6日）我們起程前往台灣府，隔天早上六點到達。我立刻聯絡台灣道台（定保）；他原本駐在廈門，但是一年前在我的強烈請求下，暫時駐守台灣。

由於地方長官對我的通譯林先生懷有成見，乃至經常阻於門外，拒絕溝通。我感到非常失望及傷心；為此，在我抵達不久後的一次非正式面會中，我秉告道台，他對通譯懷有偏見，並提示一份

↑ 「其中有一張照片（上圖），裡面有華理士艦長、調查地形的軍官、醫生及
我（右一），失事的『倫敦城堡號』的殘骸就躺在我們面前（下圖）」（引自《Notes
of Travel in Formosa》）

↑ 射寮溪岸邊的船隻（引自《Notes of Travel in Formosa》）

↑ 射寮的茅草屋（引自《Notes of Travel in Formosa》）

通譯的任事經歷，以及他對漢人及外國人的貢獻。道台推稱，他不
是拖延見面，而是因為我們比原定的日期提前五天回來所致。當時
我們面對面談話，我只好接受他的說詞，同時，乘機向他抱怨，由
於前任官員失信，未能按照承諾，在南台灣建置營兵，並派駐官員
處理船難事務，導致社會失控，發生 48 名日本琉球船員遭到土人
冷血殺害事件。我告訴他，我知道他是（前道台）黎兆棠的朋友，不
期望他挺身指控黎道台；可是我期待他能協助我防止類似琉球人遭
暴事件再度發生。除非他幫助我，不然等到全世界都知曉該暴行而
大為震驚時，他也會因前任的失職而受牽連。我說，在我的認識裡，
除非中國官方能夠有效管轄南台灣社會秩序，否則，外國勢力將基
於此地是航道必經之地，出手接管，從而對中國造成不良的影響。
為此，我出示 1867 年 6 月 27 日寫給中國官員的信函給他參閱[8]。

　　我告訴他，據我所知，如果不是我在 1867 年出於善意，協同
中國軍隊到南台灣，直接和土人擺平爭議，中國政府極可能無法
向美國順利交代羅發號事件。為了取信於他，我唸了國務卿西華
（Secretary Seward）[9] 寫給美國公使的信，請見□□頁[10]。我敦促他必
須像對待好朋友那般，向我坦白誠實。我說我已對此事做了特別研
究，我的看法或許跟他仍然有所差異。不過，他應該了解，這一次
是為了中國的利益，因此急需忠實地按照計劃行事；其次，如果對
我的提議有任何意見，最好現在提出，不要先敷衍，事後再反悔。

8　英編按：李仙得原本在此將此信當作一條長註，現移到附錄三。
9　譯按：美國國務卿 William H. Seward，其子即前面提過的美國駐上海總領事 George F. Seward。
10 英編按：李仙得在頁碼處留了空白，但他指的是附錄一的第一封信件。

我又說，我隨軍艦而來，目的只是希望快速走訪計劃中所要去的地方，至於我們之間的協商，不會遭受海軍軍官的干涉。然後，我向道台報告我所看到和聽到有關土人的狀況；也答應他離開之前，會送給他幾張沿途所拍照片。最後，我告訴他，我這次隨行帶了兩位在當地具有影響力，且曾數度擔任嚮導的混生，彌亞（或稱楊德清）及昆建（Kuin Kien，音譯）；如果他願意，我可以叫他們來，讓他親自詢問有關土人的種種訊息。

隔天，華理士艦長和我正式拜會台灣的軍政長官（總兵，亦稱鎮台，林宜華）、民政長官（兵備道，簡稱道台，定保）及（台灣）知府（周懋琦）。隨後我們轉往道台衙門，在場的尚有管轄鳳山縣的海防理番同知（張夢元）。我說了幾句開場白之後，道台便說，總兵、其他官員及他本人已經仔細衡量我到台灣的目的，並且根據昨天我向他談話的內容，他了解我所要的不外乎「保」和「護」兩個字。以他的判斷，在龜仔用建一座砲台並無法保護我們，反而會激怒我們原本希望安撫的土人。他認為最好在枋寮派駐汛塘，並指派一位民政官員，召聘混生的村落頭目擔任副手，協同處理所有關於南台灣土人的事務。

我回覆說，當我 1867 年前往南台灣時，美國公使對我的指令很簡單[11]；美國政府的立場是，如果能夠建立砲台，就不堅持一定要處死殺害羅發號船員的凶手，也不要求賠償被害者家屬；現在，大樹房並沒有建置永久性的砲台；瑯𤩝地區也沒有設官經理；事實上，土人早已依約履行責任，反而官方無所作為。我相信官方已經

---

11 英編按：請參見附錄一的第三封信件：〈西華致蒲安臣，1867 年 7 月 15 日〉。

↑　李仙得（右三，屋內者）拜會台灣的中國官員（引自《Notes of Travel in Formosa》）

送出賞酬，不過，可能被人中飽或其他原因，卓杞篤及其轄下土目並沒有收到。我接著說，如果將來那些部落因為中國政府背信，認為協議不僅沒有帶來好處，反而增加負擔，從而回復惡行，我一點也不會感到奇怪；反正官方對他們也無可奈何。我認為，道台提議要在枋寮駐紮軍隊、設立衙門之辦法，於事無補，因為枋寮距船難現場太遠了；這跟設在台灣府，沒有兩樣。不過，如果官方能夠在枋寮和島嶼南端之間修築一條軍用道路，並且要求枋寮與車城兩旁混生居民立結，夥同維修道路，同時，饋贈禮物給橫跨道路的土人，贏取他們的善意，再從車城到枋寮之間的混生居民當中，徵召士兵，聽從駐紮枋寮的軍官指揮，那麼，即使沒有派駐常備軍營，也可以維持地方秩序。假使中國官方願意執行外強和中國所訂立的協約，

在島嶼南端選擇一處建立一座燈塔，那麼我便不再堅持非要建立砲台不可，並轉告美國公使採納這項新的做法。

地方官員接受我的看法之後，便著手草擬一份對雙方都有約束力的備忘錄，然後加秘封套，上呈給北京相關的長官、總督和福建巡撫。我也同意將該文件副本轉交艦隊司令，建議他採納新的計畫。備忘錄在 3 月 13 日下午五點密封[12]。五點半官員向我告別；一小時後，我登上停泊在離台灣府 6 英里遠的「亞士休洛號」；這艘船早在六天前便由華理士艦長停泊在此等候。我們立刻起錨；第二天下午一點抵達廈門。

我立刻將本次走訪台灣的結果，秉告駐紮在福州的總督（李鶴年）和巡撫。幾天之後，我收到他們的回函。

4 月 3 日，羅德傑斯海軍司令決定讓我自由調度停在廈門的「班尼卡號」（Benicia），並下令金柏利艦長（Captain Kimberly）將他的公函遞交福州總督。前一天，司令乘坐「克羅拉多號」（Colorado）抵達廈門，本來打算跟我一起去福州，並利用他的影響力，將台灣府的協議呈報給總理衙門知悉。最後他決定不去了，改寫一封信，轉交福州官員。

這位提供我最佳諮詢的海軍司令，在 3 日啓航前往日本；我則於 4 日乘坐「班尼卡號」前往福州。因為起霧及其他因素的耽擱，我們直到 6 日才抵達距離福州市區 12 英里之外的停泊處。直到 9 日，我們才會見總督和巡撫。

至於與他們見面的詳細情況，我就不再多作敘述來煩勞讀者

....
12 英編按：李仙得原將備忘錄抄在此，現移到附錄四。

了。

　　只消說，我前往台灣的主要目的，在我呈報公使之後，已大致完成了。我期待的，不僅僅是美國公使能夠促使總理衙門批准台灣官員的提議。我與台灣官員擬訂備忘錄的重點，在於指出確有必要在大樹房建立燈塔，以及重新開闢枋寮與島嶼南端之間的軍事道路。羅德傑斯司令在致函福建巡撫的公文中，曾說明這座燈塔的重要性在於：「台灣南端這座燈塔，能夠讓航行更安全，很有效地防止過去以來，因船隻觸礁遇難而造成的種種麻煩；儘管海關稅務司可能基於更大的商業利益，而選擇其他地點，但是，從政治的觀點，只能建在這裡，別無選擇。」

　　沒有公路，中國政府就無法有效控制南台灣；目前，官方只是依賴海路，但這種控制方式效果有限，因為遇到南風季節，車城、射寮、南灣等港灣都不安全，乃至影響遣派而來軍艦的表現。有路的話，軍隊便可隨時移防，砲台就顯得無所用途，因為駐紮枋寮的軍隊可以隨機啟動，進行防衛措施。同時，要求枋寮至馬鞍山（Man Han San）一帶漢人具結保甲，互保良行，並可徵召紳耆，組織民兵，直接受命於枋寮官員；至於官兵的考核，不僅是鳳山知縣的職責，而且道台和知府都負有連帶責任。這項計劃的好處，在於避免在瑯嶠地區派駐文武官員，招來在地混生，乃至漢人居民的嫌惡，同時又讓他們臣服於政府和地方紳耆的管制。如此，不僅不會忽略當地民意，也未減損清廷治理權利。官方只要維持獎勵辦法，賞賜混生以及其他紳耆頭目應得酬金和功牌，就能安保他們謹守中國律令。

　　闢建道路，一點都不難。我記得 1867 年跟著中國軍隊開闢第一條道路時，當地土人並沒有起來抗爭。然而，事前的安撫工作卻

不能少。就同以往，那些住在枋寮、莿桐腳、楓港及其近鄰的客家人和原、漢混生後代，基於土地取自土人，每年都需交納貢稅；如果中國官員或其他外國人有任何對土人造成困擾的行為，客家人與混生也要負責。因此，在重新開闢這條道路時，他們一定會要求額外的貢稅。就我看來，這條款項應該由朝廷府庫支付。在呈給美國公使的計畫書中，我建議朝廷下令駐守福建的滿洲將軍（文煜），撥出一定數量款項交付福建或台灣負責管理燈塔的官員，然後按年分給土人。這樣就可保證官款落實分發。

此計畫最大的困難，是如何得到龜仔用人的同意，在他們南岬的土地上樹立一座燈塔，因為他們厭惡漢人，憎恨漢人踏上他們的土地。事實上，絕大多數土人都懷有共同的厭惡感，且都有具體的理由。但是，儘管如此，如果中國政府能夠公正對待土人，他們就會遵守承諾；這不僅是我自身經驗所知，而且是先前來到這些海岸，並和土人有過廣泛接觸的人，都會認同的看法。假使中國政府能夠每月派遣一艘外國製軍艦到此海域巡迴一次，土人就會覺得遭到監督，也就不致輕易忘記自身的責任。

我從福州回來後不久，雖然聽說國會還沒有就我布宜諾思艾利斯的公使職務進行表決，但我還是決定離開廈門，不再回來了；可是我又不希望匆匆而別，讓正在推動台灣新計畫的公使感到尷尬，於是我在中國待到 10 月初。直到那時，我期待北京當局給的指令還是沒下來，我便返回美國了。返美途中，我與美國駐日本公使德朗先生（Mr. DeLong）會面，他告訴我琉球群島最近被日本併吞了，日本政府正在為他們遭牡丹社殺害的人民尋求賠償。此事前已敘及。他們說服我留在日本，以便提供意見，讓日本能以最好的辦法在台

↑ 以羅發號事件為契機而興建的鵝鑾鼻燈塔 (引自
http://academic.reed.edu/formosa/gallery/image_pages/Other/SCape-
Lighthouse_B.html)

灣東部和南邊海岸建
立殖民地，從而保護
船難者及進行其他措
施。如果我呈交日本
內　閣（Great Council of
Japan）的計畫書能獲
施行，那麼，不但可
以實現我長久以來的
願望，讓在土人近鄰
海岸遭遇船難的人員
得以安全無虞，並且
可以在東方建立一個
最廣泛穩健的基礎，
推展西方的文明、科
學和藝術。此事如果
成功，我會慶幸自己
正巧在日本船難發生

於牡丹社地域之後到了該地，且親自參與調查事件發生的始末。屆
時，我會覺得六年來居留在廈門和台灣所經受的一切磨難，總算沒
有白費。

第十章

CHAPTER 10

————◦◦◆◦◦————

日本有權對台灣番地宣示主權嗎？

　　我在前面講過，中國對台灣番地的主權，基本上是特殊的，而且是視情況而定的；假使能證明中國沒有意願、無能或怠忽，乃至放棄這些權利，那麼，所有文明國家，或是其中一個成員，就可取而代之。如果基於文明和人道考量，必須更換台灣的管理人，則在現今文明國家當中，恐怕沒有比日本更適合取代中國了。台灣位居重要戰略要地，如果由中立的日本佔領，不會對任何國家造成威脅。台灣幾乎與日本帝國的宮古島（Miacosima）相接壤；假如某一西方強權為綏靖目的而佔領台灣，勢必對日本帶來麻煩。除非中國或日本能與台灣土人達成和解，或是加以征服、消滅，否則無法避免發生災厄；因此，如果中國怠忽職責，那麼日本為了自我保護，必須承擔起這個工作。日本軍中不少人來自山地，特別適合征服台灣這種任務。

　　現在要考慮的問題是：中國真的放棄（南）台灣番地的主權了嗎？在我看來，這點是毫無疑問的。因為中國不但從未佔領這塊番地，而且在漢人盤據地區，官方也未曾建置衙門，樹立法治，簡直將這片土地視為禁地，或是無主之地。在所有官方主持或授權的出版物中，都將南台灣番地視為禁地，不受朝廷管轄。中國方志從未記載此地曾經派駐命官。我在1867年為了羅發號事件與當地土人頭目協商期間，台灣道台（吳大廷）信函便如此聲明：

　　　　（中美）條約第十一條及第十三條規定，在朝廷管轄地內，無論岸上或海上，如有美國人遭受欺侮，文武官員將戮力懲罰之；然羅發號案中之美國人，並非被殺於中國領土或海域，而是化外生番群聚之地，依條約規定，不得要求中國救濟。在我

國主權所在之地，當樂於拘捕罪犯歸案；中國人民亦與外國人交善。然而蠻荒野地不在我國管轄區內[1]。

雖然從其他線索可知，中國官方到後來確實派遣一支武裝部隊征討土番[2]，但朝廷從未更改地方官員對於中國與土番關係的陳述；即便總理衙門也贊同這項看法。相反地，從遠征軍的戰記裡，清楚表明剿撫目的不在加強土番的管轄，而是如同道台信函所示，為維持與美國的友誼而派兵，同時，也避免外國大軍登陸中國海域可能招來的滋擾[3]。事實上，台灣總兵（劉明燈）派兵征伐，只是看在我是美國領事的身份。我一個人深入卓杞篤領域，為的是調查我們美國人如何遇害，以便在中國官方無意執行正義的情況下，想出辦法，防止再度發生類似的慘劇。在我看來，我的做法是必要的，而且也獲得美國政府授權。顯然，我做了必須做的事，反觀中國官員只是壁上觀[4]。我回到中國晉見有權管轄台灣的閩浙總督（英桂），看他布達下列告示：

美國領事業與土番頭目卓杞篤達成協議，將來若有外國船隻在近鄰海岸遭難，只要揚示旗幟，土人當盡予協助；唯商船外人若無故登陸而遇險，頭目概不負責。為此，領事同意，

---

1 原註：參見李仙得所寫的〈如何與中國打交道〉（How to deal with China），第138頁；亦見美國國務院，《1871年美國與外國商務關係年度報告》，第166頁。【英編按：這一段落也出現在附錄三的信中；附錄五的文件二，也有此一段落之稍微不同的版本。】
2 原註：1867年9月10日，見本手稿第171-257頁。【漢譯按：本書第二至六章。】
3 原註：見《美國外交通訊，1867-1868》，China，第498頁。
4 原註：見《美國外交通訊，1868-1869》，China，第505-510頁。

旗幟只適用於遇難商船[5]。

　　美國政府將此告示刊登歐洲報紙；英國則按內部文件轉知駐華領事。

　　必須記得的是，閩浙總督這份告示完全沒有提到派兵沿途護衛我的劉（明燈）總兵。為什麼？當然是因為中國對該地沒有管轄權。如果有，那麼與土番頭目訂約的人應該是在場官員，而不是美國領事。這份協議訂於1867年；1869年2月28日再經本人，而不是中國官員，進一步確認。文件兩位見證人[6]，一位是英國人（必麒麟），另一位是中國海關官員滿三德（Man），署名「南台灣海關稅務司」。現在，如果中國宣稱對這些番地擁有管轄權，這位官員——他主管關稅，當對管區任何地區瞭若指掌——將因完全忽略政府應有的權責而沒有資格賦予協議文件合法性。而且，如果他越權簽署文件，應當受到懲罰；可是他並沒有受罰，而且直到今天，仍在北京受到重用，擔任中國政府外國顧問的私人秘書。

　　中國軍隊駐紮番地期間，我試圖勸導軍隊統帥（劉明燈）將之據為王土。如前所述，在我的說服下，他在當地建立一座臨時砲台，可是他說，若要建立一座永久營堡，需要上級授權[7]。然而官方沒有採納他的奏議，不僅未建置永久性營盤，連在1867年利用泥土堆

5　英編按：參見〈李仙得致 Seward，1868 年 4 月 12 日〉（美國駐中國廈門領事館領事報告，1844-1906，M100，roll3），附件第 58 號的台灣南部地圖。這段出現在台灣南部地圖的引文，是摘錄自貿易部門（Board of Trade）官員、Cheng 道台、福州地方首長（Prefect）致李仙得的信件，該信也附在附件第 58 號中。

6　原註：見《美國商業關係報告，1869》。美國駐廈門及台灣領事報告。

7　原註：見《美國外交通訊，1868-1869》，China，第 505-510 頁。

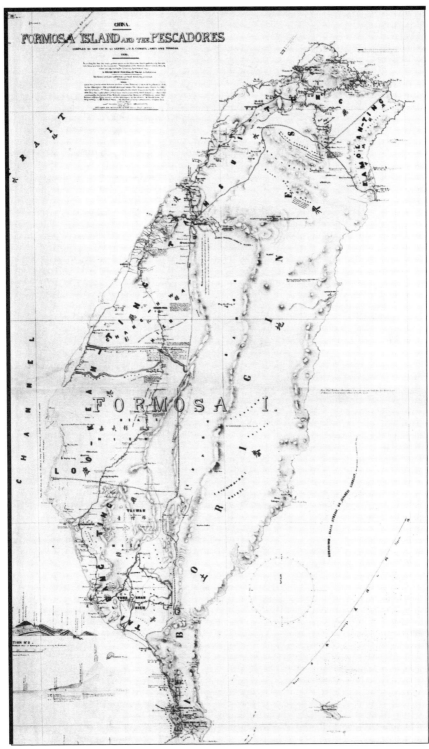

↑ 李仙得在 1870 年編輯的台灣地圖，清楚畫出遼闊的「土番地界」（引自《Notes of Travel in Formosa》）

砌的砲台也被廢置不用[8]。

此外，與中國訂交的外國曾與土人部落互有往來，也曾與他們發生爭戰，但中國官方從未抗議，甚至未曾發出一句怨言。1867年柏爾司令和台灣南部土人交戰時，便發現整個地域都不在中國朝廷管轄範圍[9]。

如上所述，中國政府現在已不可能再去建立他們對土人的管轄權；中國過去治理土人的政策不僅無法和土人建立政治上的（臣屬）關係，更糟的是，還促使土人越來越敵視外人。為此，中國已點燃了一場自己無法撲滅，而足以威脅整個世界的大災難。中國政府無法將南岸及東岸土人驅趕到內山，乃至使他們變成所有不幸被沖擊到當地海岸的船難者最為殘忍的侵襲者；就以他們謀殺日本國民來說，日本政府由於無法找到一個可資代表土人社區的人物展開談判，完全有權自行處理，佔領土人地域；然後，再依情況決定是否進行剿撫，或是採行教化措施，或是乾脆一舉殲滅之；也可以倣照美國或英國處罰危害海岸安全，或威脅到盟邦友誼的土人之方式，來處理（台灣）土人。

日本如要佔據台灣東部，可以依照1871年（譯按：應為1771年）匈牙利班尼歐斯基伯爵（Count de Benyowski）[10]的前例。不過，不要只佔領一個據點，而是分派軍隊進駐要地。當時，班尼歐斯基伯爵只

<hr>

8 原註：見《美國商業關係報告，1869》，第96頁。

9 原註：見《1867年美國海軍部長報告》，第54、57頁。

10 英編按：Count Moriz August de Benyowsky 是匈牙利人，在1771年（而不是李仙得寫的1871年）逃出俄國西伯利亞的拘禁地，曾企圖在台灣建立殖民地，回歐洲後便大力提倡殖民台灣。Harold M. Otness, *One Thousand Westerners in Taiwan*, 第14頁。

靠一艘小帆船和幾個冒險家便佔領一塊據點；如果他的隨行者謹守
紀律，足資信賴，他們其實可以建立一個廣闊而富足的聚落。這樣
一個人在有限的資源下幾乎達成的事，換成具有豐沛資源的日本，
必可輕易完成。日本可以在溪流河口建立軍事據點；其中，有三個
河口港深可資停泊船艦。然後，派遣因政治因素而被監禁的人犯前
去接觸土人，培養親善關係；土人幾乎和日本人同種，因而得以在
這些日本教師（當中有很多才華洋溢人士）的誘導下，快速接受教化。
除了殺人犯之外，所有被處死刑者都可赦免，然後轉送台灣，以便
增加移民數量。估計，每年可以利用這種方式遣送一千名人犯。土
人生活地域風景秀麗，飽含自然資源；只要在此經營十年左右，將
可變成日本帝國重要的
附屬地域。

　　至於中國人佔領地
域，日本應給予絕對尊
重。日本對中國政府所
要求的，僅僅是在他們
執行征服台灣土人，然
後納入日本帝國領土的
過程中，獲得全面而友
善的支持；中國政府毫
無疑問將會遵守條約的
規定，防止與日本人交
戰的土人逃離到島上中
國人住居的領域。如果

↑　傳奇冒險家班尼歐斯基伯爵（引自 http://upload.
wikimedia.org/wikipedia/commons/3/33/M%C3%B3ric-
Benovsk%C3%BD.jpg）

↑ 1874 年與牡丹社作戰的日本遠征軍（引自《The Island of Formosa: Past and Present》）

中國政府無法這樣做，恐怕世人會在台灣看到佛羅里達（Florida）主
權之爭的翻版[11]；當時美國聯邦政府與西班牙官方相互爭執，最後
由美方據以佔領[12]。

　　一旦日本佔領島上土人地域之後，應預期中國政府可能因失去
領地而爆發不滿，這時就需耐心聽取對方提出的各種（善後）方案。

11　原註：見《美國國家文件》，第四冊，1834 年外交關係，〈Louis de Onis 致美國國務卿〉，第 495 頁。

12　原註：美國與西班牙親善、解決衝突及雙方限制之條約，第二條。美國聯邦法律大全，第 254 頁。

日本與中國在幾世紀以來，都在和平相處狀態；中國或許會爲了結交東南沿海一個中立的強權做爲盟國，而願意割讓島嶼領土。法國就是基於類似動機，將路易斯安娜（Louisiana）轉讓給美國[13]。當時法國遭受英國威脅，需要聯合美國這一個海上強權做爲後盾，以資抵禦。俄國在幾年前把阿拉斯加（Russian America）賣給美國，可能

13 原註：該事件發生於 1803 年 4 月 30 日。美國聯邦法律大全，第 200-206 頁。

也是源自類似的顧慮。然而,不管中國政府如何回應日本佔有台灣
領地,日本政府一旦佔據土人地域,未來佔領整個島嶼也只是方法
和時間的問題罷了。中國有著日本這樣強大、勤奮而好戰的鄰居,
謹守台灣並不會帶來好處,就像西班牙領有佛羅里達一樣,無利可
圖;中國越是拖延割讓領地,便越得不到好處,能夠獲得的酬金將
越低;等到最後察覺到保不住這塊島嶼,就只能被迫賣出。我已經
從戰略觀點指出東方強權佔領台灣和澎湖的重要性,日本將來佔有
這些據點的價值,也就不言可喻了。

第十一章

CHAPTER 11

台灣東海岸景觀

· 根據出版及未公開文獻，描述南灣到雞籠一帶海岸景色

　　我手邊收藏許多有關土人生活所在地的海岸資料，大致從南灣開始，到北緯22度50分、東經121度10分為止。這些資訊未曾出版，且都取自長期居住打狗的萬巴德醫生，如下：

　　台灣東部海岸，從南岬開始，直到三仙台（Sam-Sen thai）的平埔番大聚落，散布著許多部落與村庄：龜仔用（Ko-a-loot）、Pa-dior、Pat-a-bal、Kan-a-pit（港子鼻？）、Tho-to-o，屬於土人部落；Sabbari，住有兩個漢人；Topak-at[1]，沒有漢人；知本（Tipoon），有三、四十名漢人；Sam-a-kan，沒有漢人；Le kha bong，有四間漢人房子；Tam-ma-lak-an，沒有漢人；

↑　日後被譽為「熱帶醫學之父」的萬巴德醫生（引自 http://upload.wikimedia.org/wikipedia/commons/5/54/Mason_Patrick_1844-1922.jpg）

A-di-pai，沒有漢人；Pi-na-sek-ki，沒有漢人；卑南（Pilam），有五間漢人房子；Ba-lan-an，有八十間漢人房子；Too-lan（都巒？），有三間漢人房子；A-mi-hong，有一間漢人房子；Ka-ni-banga，有兩間漢人房子；Mo-roos（馬武？），有五間漢人房子；三仙台，住的是平埔族。

1　原註：我想萬巴德醫生的消息提供者是指豬勝束的首長卓杞篤。

↑ 知本社戰士（引自 http://academic.reed.edu/formosa/gallery/image_pages/Taylor/TipunWarrior_B.html）

　　卑南是卑南族的大本營，是個很大的部落。去年（1871）
是個女人做酋長，她的兒子恩新（Ansieng，音譯）是她的繼承人，
他也是提供我上面這一連串地名等訊息的權威人士。他告訴
我，從卑南可以看得見蘭嶼（Botel Tobago），他們叫它 Botei；
卑南在打狗的正東方[2]，位於一座他稱為 Toa-soa-boo 的大山丘
腳下。從海上可以辨識出卑南的所在，它位在群山中的一處缺
口，其北端有一座雙峰山（double peak，今台東縣都蘭山）；從打
狗或瑯嶠能輕易找到領航員。恩新是我的一個老病人，對我很
感激，他對外國人態度很好；他的族人看來很勤奮，耕作他們
的平原，似乎比他們的鄰居更文明。恩新告訴我，他的村庄裡
有一些很大的石雕，出於迷信，族人對石雕敬畏有加；這些石
雕自遠古時代就在那裡了。判讀台灣歷史時，這點或許有些幫
助。假使恩新還在那裡，你和這些人在一起就很安全。他們不
用錢，而以衣服、鋤頭、刀、彈藥等物，做為衡量價值的標準。
如果你願意的話，可以從卑南走到枋寮。恩新說我若要去拜訪
他，他可以給我兩百人做護衛。這段路雖短，路況卻相當惡劣，
必須走十天才能穿越。

　　北邊住著平埔番大聚落值得你注意：他們正在和卑南人
打仗。不過你應該不難探訪他們[3]。

2　原註：恩新說卑南位於打狗正東方，這點可能是錯誤的。我手頭上有一幅老地圖，上面將恩新
　　所指的雙峰山標示為北緯 22 度 50 分。

3　英編按：李仙得將上面這兩大段落內容，放到1874年寫給西鄉從道的信中。〈李仙得致西鄉從道，
　　1874 年 5 月 6 日〉，大隈文書 C450，早稻田大學圖書館。萬巴德醫生臨時退出日本遠征軍，使
　　西鄉頓時找不到可以帶領他們進卑南的嚮導。為了彌補西鄉，李仙得把他從萬巴德那裡聽來有
　　關東海岸情形寫入信裡。

Pilamwilder.

↑ 卑南的原住民（引自 http://academic.reed.edu/formosa/gallery/image_pages/
Fischer/Pilam_B.html）

我們在《中國導航》
（*China Pilot*）一書中，找到以
下和台灣東海岸相關的資訊：

　台灣東海岸除了蘇澳
灣（Sau-o Bay）外，沒有港
口，不過在近海地帶海水
深沉。群山好像從海面上
直直拔起；山腰有些地方
被開墾，看得見若干零散
的房屋。

　東北季風並不會直襲
東海岸，這可能是因
為當地的高山地形
所致。但
帆船航行
在海岸以
東 20 英
里處，會
碰到很強
的風，因
而不敢冒
然靠岸。
這裡也不

↑ 台灣東海岸景觀（引自 http://academic.reed.edu/formosa/gallery/image_
pages/Other/Guillemard-Gorge_B.html）

↑ 龜山島 (引自 http://academic.reed.edu/formosa/gallery/image_pages/Other/Guillemard-SteepIsland_B.html)

必航行在下風位置，可是假如覺得風勢減弱了，船右邊的海水平靜些，特別是在早上九點到下午三點之間，或是到日落之前，這時靠著海岸行駛（一直靠近到水深 20 噚爲止）將是有利的；但在這個範圍內航行務必要提高警覺，假使風突然停止，在平靜無風的情況下突然捲起一陣不利的浪濤，可能就會有立即的危險。

　　龜山島（Steep Island）[4] 在台灣東北端南南西方 11 英里處，

....

4　原註：以下從龜山島到黑岩灣（Black Rock Bay）的描述，是英國海軍艦隊「不屈號」(*Inflexible*) 的 W. Blackney 先生在 1858 年所寫的。

上頭居住著漢人；他們將島嶼開墾成梯田，直到山頂。山頂呈
陡峭的圓錐形，離海平面約 1200 英尺。龜山島的西端有另一
座 800 英尺的高峰，形成陡峭的山崖，懸掛在海面上。「不屈
號」（*Inflexible*）從該島與東海岸之間穿過，下探 40 噚線，仍
然測不到海水深度。

在龜山島西南微南（S.W.1/2 S.）10 英里處，是加禮宛河
（Kaleewan River，今冬山河）的入口。這條河灌溉一片富饒的平
原，面積達 13 英里長、6 英里寬。「不屈號」造訪該地之際，
低潮時河口沙洲處的水位只有 3 英尺，漲潮後上升 2 至 3 英
尺。海浪重重的衝擊沙岸，只是多半打在入口處。帆船小艇可
以不費力地隨著戎克船的浪跡進港；出港時就沒那麼簡單了；
岸上風大，兩個浪頭打來，差一點把小船給淹沒了。戎克船的
舷牆[5]較高，浮力也強，進港比較容易，船員可用竹竿把船撐
過浪頭。

這條河大致是西南流向，河的入口寬 1/4 英里，但是進入
後馬上縮得剩下 200 碼。朝上游前進 4 英里後，僅寬 50 碼，
到這裡的一般深度約 5 至 6 英尺，是乾淨的淡水。距離入口 7
英里處，深度是 3 至 4 英尺，但河道已窄到很難划槳了。

這條河兩邊的河岸及土地都有人耕種，主要是種稻、玉
米和小米，也有少量的甘蔗。好幾個村庄沿著河岸散布，居民
是馴化的土人與漢人，都相當有禮貌。土人有著明亮的橄欖色
皮膚，身體特徵和馬來人類似，比漢人好看多了；土人與漢人

---

5 譯按：船甲板周圍的擋波浪欄杆。

↑ 蘇澳灣（引自 http://academic.reed.edu/formosa/gallery/image_pages/Other/Imbault_Suao.html）

之間通婚情形普遍。他們和諧的居住在一起，都很懼怕山上的
生番（Chiukwan）。這一帶平原的住民約有一萬人。

　　蘇澳灣南端，在北緯 24 度 36 分、東經 121 度 53 分之處，
有個優良港口，能讓沿海岸北上的船隻避開東北季風。該港的
入口處有 3/4 英里寬、1 英里深，港內有兩個小灣；在南邊角
落的遮蔽處是南方澳（Lam-hong-ho），據說水深達 5 噚，可以
栓繫住兩三艘船，避開各方向的風；東北角落的小灣叫做北方
澳（Pak-hong-ho），有個 5 噚深的優秀錨地，除了少見的東南
風之外，也可避開各方向的風。

　　蘇澳礁岩（Sau-o reef）最西邊、最大的一塊岩石，在低潮

時突出海面 70 英尺，位在蘇澳灣南端向東北向延伸 1.5 英里、北端向東微南（E. by S.）延伸 2/3 英里交接處。另兩塊較小的岩石，位在最大的岩石東北東 3 錨鏈長（cable）[6] 之外，其間有的岩石對齊水面，有的剛好高出水面，經常激起浪花。

防波堤礁岩（Breakwater reef）幾乎位在蘇澳灣的中央，部分礁岩外露，部分則與水面對齊。礁岩有 1.25 錨鏈長，呈東北西南走向，其東北端有個 15 英尺高的圓錐形岩石。

蘇澳灣的居民大多是漢人漁民，周圍住著幾個馴化的土人。在這裡只買得到少量的新鮮食物；不過，只要船舶駛入蘇澳灣，一定會引來加禮宛河沿岸村民，前來從事各種交易。

「不屈號」最初停泊在蘇澳灣外部約 13 噚深的地方，其南面就是港灣的南端，西北西方向則是防波堤礁岩的圓錐形岩石；這裡雖然可以下錨在優良的黑砂與軟泥上，但吹東風時，停泊在此並不安全。於是「不屈號」移到防波堤礁岩內，在水深 5.5 至 6 噚的地方下錨。這裡就安全了，圓錐形岩石就在東方約 1/4 英里外。

蘇澳灣的川流很弱，約十點時漲潮，水位高而多變，漲高 3 至 4 英尺。漲潮沿著海岸從北北東方向湧進，退潮時則以每小時 1 海里的速度往南南西方向退去。

如果是從北方靠近蘇澳灣，就要駛過蘇澳礁岩東方約半英里（天氣晴朗的時候，從 8 或 10 英里之外就可以清楚看見蘇澳礁岩最高的岩石），然後把船駛向西停泊。從東南方入港的航道很清楚，

---

6 譯按：1 錨鏈長約 100 噚，美國海軍定為 219.6 公尺，英國海軍定為 185.4 公尺。

經過海港兩端時約要保持 1 錨鏈長的距離。防波堤礁岩與崎嶇角（Rugged point）之間的通道清晰可見，通道的中段部分是 5.5 噚深；崎嶇角位在防波堤礁岩南微東方 3 錨鏈長的距離外。

蘇澳灣外部的測深，往大海方向很快就增加到 17 到 20 噚，往海灘方向則緩慢減少。蘇澳灣的西北角多岩石。

蘇澳灣以南 3 英里是烏石鼻（Dome point），有 650 英尺高，從烏石鼻到北緯 24 度 6 $\frac{1}{2}$ 分的奇萊（Chock-e-day，今花蓮），是一段最險峻陡峭的海岸，高山幾乎與海面呈直角，直上 7000

↑ 在台灣東海岸遭土著攻擊（引自 http://academic.reed.edu/formosa/gallery/image_pages/Other/Blakeney_savge_attck_B.html）

英尺。距離海岸 1 至 1.5 英里處，水深就達 70 噚以上了。我們試圖聯繫奇萊村民（Chock-e-day village），但因浪太大而無法登陸。土人幾乎赤身裸體，揮舞著他們的長刀和矛，作勢威脅我們。他們當中的幾個漢人似乎很害怕土人會遭到傷害。漢人說，如果土人被傷害，他們會被拿來償命的。我們看不到海圖上在該緯度所標示的河流。距離海岸 1 英里處，深度便達 115 噚以上。

英國海軍雙桅橫帆船「普洛佛號」（Plover）曾停泊於黑岩灣（Black Rock bay，今三仙台），位置是北緯 23 度 8 分、東經 121 度 24 分，安然度過一陣西南強風；可是該處海底不平且多石，船隻會在 13 至 22 噚深的海面上下擺動，因此不建議在此停泊。

在黑岩灣內西南偏南 2 英里處有一群岩石（高達 120 英尺），深度是 29 噚，底部是黑砂；往大海方向再下鉛錘測深，超過 70 噚深。

黑岩灣以北的海岸崎嶇多石。山丘坡底長滿草，山丘後面的高山拔高 5000 至 6000 英尺，遍布著密林。

從北緯 24 度 7 ½ 分到北緯 22 度 47 ½ 分之間的海岸構造，以及在海岸的西北、西、西南存在一座山脈（當中有的山峰高達 9000 至 12850 英尺）的情況來看，我們推論在海岸與中國人管轄地區之間，應該有一個面積不小於 1447 平方英里的高原，高度在 8000 英尺以上。就我們所知，在熱帶地區超過這個高度就不可能生長大樹了；除非氣候受到暖流影響，像日本的情形那樣，否則這個高原是無法

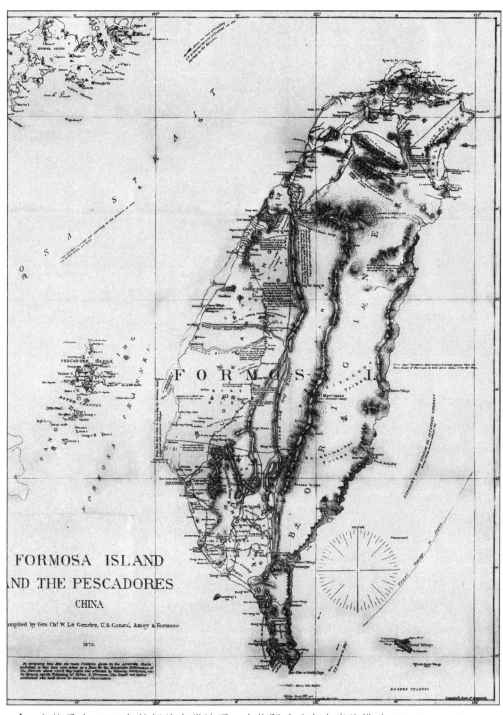

↑　李仙得在 1870 年編輯的台灣地圖，清楚顯示了東海岸的構造 (引自《Notes of Travel in Formosa》)

生長樟樹的；樟樹、黑檀和其他有價值的樹，加上獸皮，或許就是土人領地僅有的財富了。能夠生長在海拔 5400 至 8400 英尺的蠟棕櫚（wax palm），應該可以在這個高原存活。兩條溪流所形成的山谷應該長有大量的樟樹；其中一條在北緯 24 度 7 ½ 分處入海，另一條在 22 度 47 ½ 分處入海；這兩條溪的流向正好相反，前條從西南到東北，後條則從西北到東南，它們可能都源自北緯 30 度的玉山（Mount Morrison）。這個山谷，以及與它垂直的其他山谷，或許能增加土人生活領域；但這點純粹是推測。無疑的，該地區一定有生長樟樹，因為我們知道一直往南到陶社、甚至更南之處，都長有樟樹，而且在蘇澳灣以南幾英里的東澳（Tang-o）附近，樟樹也生長茂密。那裡已有製造樟腦的工寮。該地區已能種植茶樹；據說也有品質優良的樹藤。在台灣東部山區裡，也發現一種可用於染色的植物根莖，平埔族稱之為 Tanak，可以將漁網、繩索、帆布、衣服染成持久性的深紅褐色。據唐塔先生（Mr. Taintor）[7] 在 1870 年 3 月 10 日淡水地區貿易報告上的說法：「這是一種蔓生植物的根莖，其分枝細長，密生著尖刺，依附懸掛在森林的樹上。」

蘇澳灣在噶瑪蘭廳（Kamolan Ting）之南，該廳隸屬官方管轄。因為我沒有去過那裡，以下即為唐塔先生 1869 年 1 月 31 日的報告：

在東海岸上，從雞籠以南約 25 英里處開始，延伸約 14 英里到蘇澳，有一處富饒而美麗的平原或山谷，通常被稱為蛤仔難（Kapsalan），官方的名稱則是噶瑪蘭。它在內陸以半圓形的

7　英編按：Edward C. Taintor 是中國淡水海關的僱員。見 Harold M. Otness, *One Thousand Westerners in Taiwan*, 第 153 頁。

群山爲邊界，最寬處有 6 到 7 英里。山谷中遍處是稻田：生產的米大部分被送到雞籠。山谷裡有幾個興旺的城鎮，其中以羅東（Lokong）最爲發達。這是個乾淨、堅固的城鎮，人口很多，交易活絡。整個山谷幾乎在本世紀（19世紀）之間被住滿。當它剛被發現不久，上頭還住著土人之際，這裡就成爲許多不法之徒的逃亡地；但到了上世紀（18世紀）的最後幾年，一群群漢人前來圈佔肥沃的土地；移民增加之後，彼此傾軋不和，迭生糾紛。1810 年福建巡撫（the provincial authorities）上奏朝廷，提議納入轄區；1812 年設立噶瑪蘭廳。

原來住在這平原上的土人，是一個長相很好的族群，自稱 Kaboran；他們已逐漸被漢人趕往山區，或完全撤出該山谷。他們變得相當文明，也改採許多漢人的風俗。當地的漢人叫他們爲平埔番（平地上的土人），以區別於住在山裡的土人。他們從原居地被趕出來後，只好遷往尚未馴化的高山土人地區。去年他們做了一次大規模的嘗試。一群平埔番在一位外國人（按：洪恩）的領導下，遷往蘇澳下方約 15 英里處的大南澳（Tolamo）。

他們和土人達成友好約定。這個聚居地假使能夠經營得好一些，其興旺指日可待，因爲該地資源豐富，但是它在領導人洪恩先生死後就被放棄了。如前所述，洪恩先生 1870 年初在台灣西南海灘[8]失事。

噶瑪蘭廳的面積約 203 平方英里，人口可能不超過 30450 人。

---

8 校註：第八章指出洪恩死於東南端海岸。

第十二章

CHAPTER 12

————— ◆❈◆ —————

台灣北部
及中部物產概述[1]

1 譯按：本章節譯自李仙得著名的 1869 年領事報告 *Reports on Amoy and the island of Formosa* (Washington, D.C.: Government Printing Office, 1871)。該報告描述台灣的部分，分為兩節：第一節的內容與本書前面章節類似，故不贅述；本章即第二節之漢譯。

地球上很少有幾個地方，能比從淡水到打狗的台灣北部與中部，生產更多有價值的出口品。台灣島在打狗以南幾英里突然變窄，因此也更容易受到來自兩邊的風暴襲擊；沙洲的面積也更大；河口也形成更狹窄而短促的山谷。此地只生產一點糖、一些動物皮革，以及少數小枝柴薪；至於其他物產都不如北部和中部那般豐饒。

煤炭

台灣北部與中部的廣大煤層，幾乎都不曾開發或探勘過。目前開採中的幾個煤礦，都在雞籠（基隆）港附近靠水之處。就加煤站而論，雞籠港地理位置良好，幾乎可以媲美任何中國大陸的港口。

福州兵工廠的外國主管，曾從歐洲找了一位名爲杜邦（Dupont）的工程師來到中國探勘煤礦。此人在去年（1868年）12月針對雞籠的礦藏寫了一份機密報告，我已取得該報告的抄本。他考察了雞籠、Chemo[2]、艋舺（Banca，今萬華）、淡水及大海之間的地區，探勘的面積達148,268英畝。由於台灣植物非常茂密茁壯，加上幾乎無路可通行，探測工作非常困難，有時還會遭遇難以克服的障礙。因此杜邦先生只好侷限在幾處因開礦而露出的礦層進行研究。他總共看出兩條煤脈，其中比較上面的那條，厚37.40英寸，能夠出產品質極優的煙煤，堅硬結實，不像另外那條煤脈，充滿了爛泥、硫磺及石頭，不適合燃用，除非開採後轉換爲煤球（patent fuel）。據杜邦先生的估計，這種轉換的成本是每噸3.37美元，品質和最好的進口煤相

2　譯按：依照拼音，與荷語拼音 Kimal 相同，較可能的地方是指中國清代文獻上的「麻里即吼社」，地圖上繪在基隆河南岸。見翁佳音，《大臺北古地圖考釋》，台北縣立文化中心，1998。

當。無疑的，第二條煤脈開採出的那類煤，是導致台灣煤礦聲譽不
佳的原因。到目前為止，還未找到可以轉換為焦煤的煤；焦煤可以
拿來生產鐵，或是煉製銅或其他金屬。但蘇澳灣附近可能有較佳的
煤床，該地的地質構造較分明，所發現的樣本性質也較佳。現在煤
礦的開採方式都還非常原始。在有煤露出的地方，順著煤層方向挖
掘水平的坑道，挖出大量的煤，每隔 6 英尺就留下一道 6 英尺見方
的煤柱，用以支撐地面；採礦工作就這樣進行下去，直到礦坑內缺

↑ 雞籠港 (引自 http://academic.reed.edu/formosa/gallery/image_pages/LondonNews/ln85p340kelung_B.html)

乏空氣、積水或其他原因，迫使礦工無法繼續作業，就轉挖其他地
點。

　　基於土質的特性，這種採礦的方式很難改變；用這種方式挖煤
炭，雖然會損失 1/5 的煤炭，卻無需使用木柱來支撐礦坑。然而他
們現在所使用的挖煤工具實在太簡陋了。現今的漢人礦工每天工作
8 小時，可以挖出 3 立方英尺的煤炭，也就是說，只有西方礦工產

↑　採煤的工具（引自《Notes of Travel in Formosa》）

能的 1/3。假使給漢人礦工較好的工具，要完成同樣的工作就省力
多了。在雞籠，漢人礦工是以一種鶴嘴鋤來鑿地挖煤。這種鶴嘴鋤，
柄長約 15.6 英寸，兼具挖掘的鶴嘴及擊破的鎚子兩種用途，鶴嘴一
端長約 7.8 英寸、寬約 1.5 英寸，鎚子一端寬度相同、長約 2.34 英寸。
在美國及歐陸，礦工根據礦床的性質，使用 4 到 7 種不同的工具，
這些工具還不包括鑿鑽、鎚子和其他爆破器材。

在雞籠，煤炭是以竹簍子運出礦坑的，一簍裝不到 22 加侖。
這種竹簍子放在一塊兩端微微翹起的木板上，木板上釘著一條藤，
以替代繩子，在地面上拖行。這種運煤方式既緩慢又費錢，不如改
用小貨車，放在木軌上滑行，將會較有利；因為礦坑中多水，水中
的酸性容易使鐵腐銹，所以木軌比鐵軌耐用。礦坑中使用的油燈，
是一小盞的油，裡面放著燈芯。這種燈芯由製造宣紙的通草（Aralia
papyrifera）做成，切成小圓條狀，直徑 1/6 英寸、長度 4 英寸。他們
也會將紙捲起來，事先在油裡浸過，在需要可移動的亮光時，用以
替代蠟蠋。採煤及抬煤都是手作，然後依其大小分成等級；煤屑通
常由雞籠的石灰業者載走，要不然就都燒掉，以免礙手礙腳。

根據四個煤礦的報表，計算產煤的成本如下：

煤礦	產量	挖掘費	坑道中運費	排水費	耗材費	總費用
A	52 擔	1 美元	0.65 美元	0.17 美元	0.18 美元	2.00 美元
B	260 擔	5 美元	1.70 美元	0.34 美元	0.76 美元	7.80 美元
C	39 擔	0.75 美元	0.81 美元		0.12 美元	1.78 美元
D	168 擔	3.5 美元	2.67 美元		0.43 美元	6.60 美元

　　一定數量的煤運交到可以水運至雞籠的地點，所需費用如下列。請注意，中國的「擔」（Picul）[3]等於 $133\frac{1}{3}$ 磅。

煤礦	一定數量在煤礦的費用	從煤礦到水運站的費用	總費用
A	每 52 擔，2 美元		
	每 100 擔，3.84 美元	每 100 擔運到煤港，10 美元	13.84 美元
	每 1 噸，64 分美元	每 1 噸運到煤港，2.3 美元	2.94 美元
B	每 260 擔，7.8 美元		
	每 100 擔，3 美元	每 100 擔運到煤港，7.4 美元	10.40 美元
	每 1 噸，50 分美元	每 1 噸運到煤港，1.23 美元	1.73 美元
C	每 39 擔，1.78 美元		
	每 100 擔，4.56 美元	每 100 擔運到淡水河，1 美元	5.56 美元
	每 1 噸，76 分美元	每 1 噸運到淡水河，16 分美元	0.92 美元
D	每 168 擔，6.6 美元		
	每 100 擔，3.92 美元	每 100 擔運到運河，1 美元	4.92 美元
	每 1 噸，65 分美元	每 1 噸運到運河，16 分美元	0.81 美元

　　從前列的報表中，可看出台灣北部煤的生產成本中，主要費用在於坑道中的運費及從礦場運到水運站的運費。據杜邦先生估計，假使以西方運煤的方式替代目前使用的橇物載運，再改進現在所使用的開採工具，則煤在坑道中的成本會降低到每 100 擔 2 或 3 美元，或是每噸 34 或 50 分。據估計，1868 年雞籠一帶生產的煤不超過36218.12 噸，有 1/4 是在當地浪費或消費掉。據杜邦先生計算，以這樣的速度，要幾個世紀才會把煤礦的礦藏開採完。

　　我認為，雞籠附近有幾座火山，對於從事海平面以下的煤礦開

3　譯按：約 60.52 公斤。

鑿來說，這將是無法克服的障礙。目前對於礦藏的測量，顯示其中存在著斷層（dislocations），若再經過地震，情況還可能加劇。雞籠南面的高山山脈所流下的水，通過這些裂縫所構成的天然管道，大量滲透到煤層所在的山丘，因此礦坑內若要排水，費用必定很龐大，而且最初所做的地下坑道建設，很容易由於土壤的震動而毀壞，變成最危險的工事。但是對於那些位於雞籠河（Kelung Rapids，今基隆河）水平線以上的煤礦，應該不會有人吝於投資，因為那裡的煤區廣大，即使最樂觀的人也不會失望。

若干中國勞動者或商界反對改進開礦的流程，我認為這方面的阻礙是被過分誇大了。在中國，就像在其他地方一樣，即使人們的迷信妨礙改革，但人的自利心總是很有助於雙方達到友好的諒解。不過，有關當局、讀書人及士紳的反對，又是另外一回事了。他們反對開礦乃基於原則，怕人們重礦輕農，使大家貪念妄起，放下原來的正業不做，陷於絕望不幸之中，變得無法無天，鹵莽行事，以致背叛傳統與權威。我們只能緩和、不斷的勸導，轉換當地人民的思維，或是透過外國勢力進行改革，才能夠奏效。

石油

淡水的代理領事陶德（John Dodd），在（苗栗）後龍（Oulan）東南約 20 英里的土人地域首次發現石油。流出石油的那座山脈，在1868 年被人發現其「雞籠砂岩」（Kelung sandstone）內含有煤。石油從一座山丘底部的縫隙流出來，客家人用一種直徑 6 英尺、由樟木樹幹鑿成的大木桶收集起來，放在桶子裡沉澱。當地居民把石油拿來點燃照明，以及用於治療瘀傷和創傷。石油樣本被送到紐約的自

↑　陶德（左）及其石油泉 (引自《Notes of Travel in Formosa》)

然史博物館。目前這項重要產品並沒有做爲輸出品；中國當局不准
人們鑿地取油，或是將它運送出去。

硫磺

　　雖然條約禁止硫磺的生產及外銷[4]，但它是台灣具有重要地位的
產品，值得記錄下來。

　　從雞籠向西航往淡水，兩個鐘頭之後，會來到一個小海岬，地
圖上稱之爲雙岩（Double Rock，今燭台嶼）。在雞籠所見的砂岩，不時

....
4　譯按：中美天津條約第十三款。

↑ 李仙得（左六）、陶德（右四）與邱苟（Kookow）原住民合照（引自《Notes of Travel in Formosa》）

可見於沿線海岸，但是越接近雙岩，雞籠砂岩獨特的單斜層就越少見。雙岩的砂岩呈現各種形狀，角度極不規則，給人騷動不安的感覺，可以確定它們與鄰近小平原的火山爆發同時形成。登上雙岩對面的山脈，可以發現金包里（Kim-pao-li，今金山）的火山，高1450英尺；稍往西邊，則是大油坑（Tah-Yu-Kang）[5]的火山，高2275英尺；

....
5 譯按：大油坑位於新北市金山區西南方，是介於七股山與大尖山之間的火山噴氣孔。噴氣量大且活動劇烈，溫度可達120度左右，是全台規模最大的噴氣孔區。

大油坑往南，是台灣一般稱作「淡水礦」（Tamsui mine，今北投硫磺谷）
的火山，標高 450 英尺。這些火山都生產硫磺。無論從哪方面看，
這些硫磺泉都很像舊金山北邊海倫娜山（Mount Helena）普多河（Pluto
River）的間歇泉；兩者唯一的差別是，加州的間歇泉是從花崗岩噴
湧而出，台灣的間歇泉則是穿過成層的雞籠含碳砂岩噴湧而出。這
些砂岩上頭常有東西覆蓋，其下可能是富含化石的石灰岩。這些火
山多由大塊的熔岩（lavatic trachyte）組成，一部分由暗藍的黏土加以
接合（這些黏土富含美麗黃色的細小黃鐵礦結晶，結晶平均分布在黏土上，顏
色亮麗，乍看之下就像許多碎金），一部分則由白紅的土質接合（由於火
山噴口處或山脈各頂峰邊坡噴出的冷泉或熱泉的作用，這些土質呈現液態狀）。

↑ 大油坑的硫氣孔（引自《Notes of Travel in Formosa》）

↑ 大油坑的山谷 (引自《Notes of Travel in Formosa》)

↑ 淡水礦 (引自《Notes of Travel in Formosa》)

在大油坑的山坡上,植物生長茂密,有灌木、竹子及各種樹木。我費勁攀爬到間歇泉首次出現的地點,親眼目睹這種現象。我前面有一條小溪滾滾流下,山腰遮住這條小溪,也掩蔽主要的間歇泉。我在旁邊有硫磺流出的地方插了一根棒子,取出少量硫磺保存起來。我發現該處的泉水極燙且酸性很高。如果未來台灣不再是中國人的屬地,這種硫磺酸對於甘蔗產量已很大、且逐年增加中的北部或中部製糖業者,將會有很大的價值。我越過林叢走到主要溪水流過之處,水中冒出的味道也是同樣的酸。再前進幾碼,便是主要的噴泉地帶,到處都有硫磺的臭味衝鼻而來;泉水從眾多縫隙中噴出,使我的眼鏡塗上一層凝霧,一時之間看不見東西。泉水不是呈圓柱狀

連續噴出，而是短暫的、間歇的噴發，聲響很大，好像是從蒸汽引擎管路噴出來似的。四周都是硫磺蒸汽，讓我呼吸有點困難。在噴口 50 碼之內的草木都被薰死了。噴口周圍有些孔穴積滿泥水，迸出瓦斯與蒸汽，就好像很多大盆子裝滿煮沸的液體。我把手放在一個孔穴上方 15 英寸，結果被蒸氣燙傷。四周的聲響驚人，無止無歇，好像地底下有個很大的工廠在全面運作著。不幸的，我的觀察被一陣暴風雨打斷，這座山從山頂以下約 200 或 300 英尺，都被暴風雨籠罩，一時雷電交加、大雨如注；我腳底下的地域喧鬧不堪，我頭頂上的老天狂怒不已。我恍如置身於另一個世界，自覺不太安全，便趕著踏上歸程了。

大油坑的間歇泉和金包里的一樣，只是景觀更壯麗；淡水礦也有相同現象，但規模較小。

儘管台灣禁止製造硫磺，但採礦者仍在大油坑蓋了一個小村庄。煉製硫磺的爐子非常簡陋，置放在小屋裡；屋頂是用取自附近山丘的乾草覆蓋。這種乾草也用做煉製硫磺的燃料。爐子的構造是，一個內裡敷著黏土的鐵鍋，放在一座狹小的磚砌火灶上。製造程序如下：先洗滌礦石，盡量去除泥土，然後放進鍋子緩緩熔解，不斷攪動，直到所有雜質都拿掉，再倒進木模中（其形狀像是削去頂部的圓錐體），等待冷卻。硫磺凝固後，把它從模型的最大開口處取出，敲掉模型的底部。每個硫磺的圓錐體重約 45 磅。承包商將硫磺走私到金包里的一個小村庄，再冒著被抓的危險，將之裝載於當地的戎克船上，可以拿到多少錢我不確知。在大油坑，我看到價值 5 萬美元的硫磺製品放在地上。台灣火山地帶所發現的硫磺，是因為間歇泉的蒸氣中含有一定化學比例的硫化氫，遇到空氣分解而成

↑　大油坑的煉硫工寮（引自《Notes of Travel in Formosa》）

的。存在於土地縫隙中的金屬昇華物，已累積了好多個世紀，而且
還在繼續累積當中。這樣產生的硫磺結晶並不像一般人想像的那麼
快，不然的話，把一些容器擺在縫隙上方蒐集噴出的蒸氣，就可以
不要花費太多成本，取得大量非常純粹而有價值的結晶物質，商業
上稱之為硫磺粉。但經驗告訴我們，這樣做無利可圖。很多年前，
一家公司在法國政府的贊助下成立，投下大量資本，在瓜地羅普島
（Guadeloupe）採集硫磺蒸氣，結果卻很令人沮喪，在該島的 38 個間
歇泉，一年只得到 5 噸的硫磺。

　　在大油坑山頂，我發現在海平面出現的藍黏土。在水返腳
（Chui-ten-Kah，今汐止）附近，陶德先生從雞籠河堤岸挖掘到大砗磲

蛤（Tridacna gigas）[6]的化石，該物種目前存活在中國海。淡水廳以南，距離海岸約 30 英里的黏土山區（Clay hills），以及打狗的猴山上，都找到現在還存活的貝類之殼。這些發現都足以證明，以地質年代來說，台灣的火山是晚近才出現的。

樟腦

　　中部的客家人投入很多時間製造樟腦。手續很簡單，他們不像日本人那樣燒煮樟木，而是把樟木切成厚約 1/4 英寸、長約 3 英寸的小木片，放入一個陶缸容器，把蒸氣引進來。水蒸氣滲透木片，與木片所含的樹脂相結合，把它帶到一個大凝結器中，樟腦遇冷即成為結晶狀。

　　圖一是腦炊的剖面圖：C 是凝結器[7]。P 是圓筒狀的陶缸，裡面放進小片的樟木。H 是凝結器與圓筒狀陶缸的接口，接口是密封的，先纏上麻布，後裹上藤，再封上陶土。F 是 P 陶缸的底部，由兩個小圓盤 c' 與 c" 組成，上頭鑿了四個孔，讓 V 所產生的蒸氣能夠穿過。V 中裝著水。G 是燒火處，燒的是 10 英寸長的木頭。

　　圖二是腦炊的遠望圖：腦炊的地面是曬乾的泥磚，A、C、P、Q 四個面是 3 英寸厚的木板，雖然熱氣並不很大，為防遇熱膨脹，其上裝有六支木製的支架 B。腦炊是置放在茅草屋頂的竹屋裡，竹子以薄木片綁緊固定。竹屋沒有窗子，只有一扇門，面向給爐火送

6　譯按：大硨磲，又稱巨蚌，庫氏硨磲，是最大型的雙殼貝類動物，棲息於南太平洋和印度洋的珊瑚礁，最重可達 200 公斤，殼寬 1.2 公尺。

7　譯按：該凝結器也是一個陶缸。

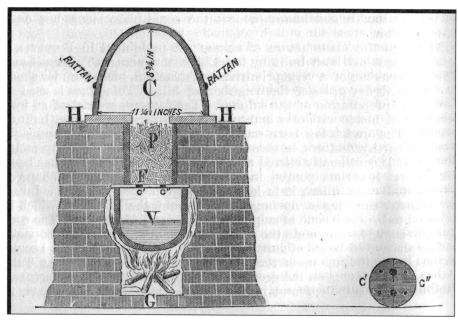

↑　圖一，腦炊剖面圖（引自《Notes of Travel in Formosa》）

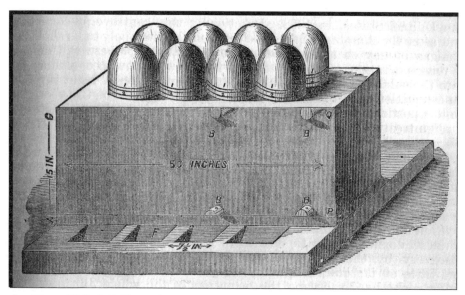

↑　圖二，腦炊遠望圖（引自《Notes of Travel in Formosa》）

風處。這樣一座腦炊，每天可以生產 4 斤，也就是 5 ⅓ 磅的樟腦結晶[8]。

在蒸餾的過程中，會產生一種揮發性的油，和樟腦結晶混在一起，若注入氧氣流或用硝酸處理，這種油就變成固態的樟腦。在這種油必定大量累積的地方，如製造現場、內陸或港區，操作這種轉化過程應該是有利可圖的。到目前為止，這種物質在貿易上幾乎尚未為人所知。在歐洲或美國，曾經有人試圖販賣，都因獲利有限而放棄。

含有非常多這種揮發性油及大量結晶水的樟腦，從凝結器取出後，就裝在桶裡交付船運。在海關過磅時，稅金是以該重量減去百分之 5 來計算的。人們發現，從起運的港口到目的地港口之間，由於沉澱及搖動，油和水都沉到桶底而滲出，以致損失很多重量，這當然是由託運者來承擔。這樣的損失，加上因蒸發而造成的損失，據說在東北季風時大約是百分之 8 至 10，在夏季是百分之 10 至 12，整年平均下來是百分之 9 至 11。因此雖有津貼，仍不足以彌補損失。就貿易上的公平起見，此一津貼是應該增加的。

樟腦專賣

官方規定外商必須向政府指定的包商購買樟腦。這項規定，在 1868 年曾引起福州府和美國代表之間很嚴重的爭議。在安平事件[9]之後，因為專賣制度廢止，好像爭議就不存在了，但是中國當局

---

8 譯按：若要製成樟腦油，則把水蒸氣導入冷水裡，此時腦油會浮在水面上，用勺子舀取即為樟腦油。

9 校註：1868 年英國駐台代理領事吉必勳（John Gibson）因樟腦和教案，與地方官發生糾紛，率領軍艦襲擊安平協署，砲轟安平。

↑　安平的防禦工事（引自《Notes of Travel in Formosa》）

很可能遲早會再考慮採行樟腦專賣，所以不如現在事先檢視這個議
題，一勞永逸的解決與此相關的權利問題。我首先想檢討的是，土
人對於他們所佔領的部分島嶼有何權利的問題，接著要檢討的是，
中國與外國所訂定的條約，對於中國人主張對台灣貿易擁有專賣權
一事，究竟有何效力的問題。現在先來談第一項問題。

　　有人主張，由於中國政府在土人地區未曾設官治理，因此乃未
收入版圖，任何人都可以佔據該地域；只要當地的頭目們認可，便
可成立永久而獨立的聚落。我相信這種主張是錯誤的。我承認，中
國並不是像她自稱的那樣，由於在 1430 年發現台灣，便擁有該島

的所有權，因為甚至到今天，他們都還對該島所知甚少。更何況，該島雄偉山脊的輪廓，也難逃日本艦隊的注意。日本人在 1585 年革命之前，其船艦就在東方海域探索，遠達孟加拉灣。而且，日本人確實自遠古以來，就和台灣土人有過貿易往來。然而，領土主張若是出自於征服、屯墾或條約，情況就不一樣了。中國政府強力主張擁有該島主權，是源自 1662 年國姓爺把荷蘭人逐出熱蘭遮城（Fort Zelandia）及台灣府附近的赤崁（Saccan）地區，並征服了中西部的海岸。荷蘭人最後投降的協定有十八條文。誠然，這些條文很簡單，僅提及一座城堡及其中的財物，但承認這座歐洲要塞是他們先前向國姓爺投降，或被猛烈襲擊而攻下的。自從 1683 年，該島的漢人屯墾區正式由國姓爺後代移交給現今的清朝統管以來，漢人不斷朝山區擴張，驅走阻擋在前的土人。漢人以這種方式，從北到南佔領了西海岸與中央山脈之間的平原；其領域也包括馬鍊半島（Mason peninsula，今萬里野柳岬）、艋舺港、滬尾（淡水）、艋舺、南崁溪（Nankam River）之間的大屯（Tatum）及 Lohan（羅漢？）等山，雞籠附近的煤礦區，雞籠西南、雞籠河流經的肥沃山谷，雞籠以東、一直延伸到蘇澳灣的高山邊區（也就是噶瑪蘭廳）。這樣的屯墾區域，已到達內陸高山的山腳。漢人被迫到此打住，因為眼前的高山居民兇猛強悍，他們至今仍難以驅逐。因此他們在地圖上畫一條分隔線，寫上「中國版圖到此為止」[10]，顯示他們放棄執行原定的征服計畫。

　　來自廣東省的客家人，是很勤奮的族群，卻長期受到迫害。據說先前有大量住在大陸的客家人被土著趕出，移民到台灣。他們大

10　校註：應指「番界線」。

部分定居在人少而友善的平埔族與沿海的（閩籍）漢人之間，從南到北在各處建立興旺的村庄。稍後，客家人就和土人密切往來，變成不可或缺的鄰居。他們拿外國製或中國製的武器、火藥、子彈、衣服、銅及銀的飾物、鹽等等，與土人交換鹿角、熊皮、豹皮及其他獸皮、鹿脯、薑、鳳梨、麻布及樟腦。客家人開始大量製造樟腦之後，與土人之間原本就因互惠而關係緊密，加上客家人還娶進土人的女兒，承續大片山坡土地，讓兩者的關係更形永久交融。這些地產很快便成為巨大財富的來源，使客家人有製造樟腦的充足工本，幾乎獨佔了這個行業。去年（1868 年）4、5 月間，我走訪了幾個客家庄，其中一個村庄位在後龍以東的高山支脈的山麓；許多田地種有煙草、洋芋、甘蔗等等，蔥蔥鬱鬱，還看見許多正在蒸製樟腦的

↓　腦寮（引自《Notes of Travel in Formosa》）

火爐。這些客家人是領地的主人，雖然薙髮、留辮，過著中國式的生活，但大部分客家人根本不把中國政府的法令放在眼裡。他們從土人手中取得土地，因而向土人納貢；至於他們土地的產物，則先送到附近的客家人小鎮，再轉運到最近的市場，以最好的價錢賣出。只有樟腦不一樣，直到 1867 年專賣制度廢除為止，都必須留著賣給專賣者。但例如在彰化以東的某些地方，漢人勢力還沒有到達高山的山腳，這時武裝暴力就變成主力，取代了外交手腕。向政府取得樟腦專賣權者，組織征討隊伍攻擊土人，佔據長有樟樹的較低山區。專賣者為這些參與征討者提供保險；他們本身及家人，都可以因傷亡得到程度不等的賠償。然而至今為止，這些征討者的進度緩慢，因此島上大部分的樟腦，仍然依賴那些獨立的客家人以相對可敬、和平的方式來提供。

台灣土人在友善的客家聚落和少量殘存的平埔族聚落的屏障下，主張完全獨立，並對他們目前所佔據的領域享有絕對的主權。很多人贊成他們這種主張。

另一方面，中國政府相信，依據「萬國公法」，人皆以此國掌管既久，他國即不應過問，此為定例。是無論生番入版圖與否，皆為我所掌管。這不但對土人是有效力的，對任何其他人也都是有效力的，就如同美國人對美洲印地安人，英國人對澳洲和紐西蘭的土著主張宗主權那樣。

我們必須承認，假如文明國家合併土人的條件，是前者能賦予後者文明的利益，而中國也履行了這一隱含的協議的話，那麼中國對於台灣的領土主張是無法反對的。依據這個原則，土人不得再獨立於宗主國之外，無法再擅自與任何個人訂立契約或與其他國家締

結條約，因為他們與宗主國是休戚與共的。然而，土人所接受的保護監督，絕非壓迫性的（「違反自然」──（羅馬法學家）Florentinus）；適用在土人身上的法律，都會謹慎地規定權利與義務。除了有限度的政治權屬外，土人充分享受其自然權利（「自然法下，人皆生而自由」──（羅馬法學家）Ulpianus）。土人做為一個特殊而獨立的社群，可以選擇如何管理自己。他們所居住的土地、所狩獵的獵場，依舊歸他們所有；他們可以自己的方式及目的，保留及享有這些地方，就像平原上的漢人自由使用稻田或捕魚海岸一樣。他們願意的話，可以把土地租賃或賣給中國政府或私人；他們擁有的所有權利都可以轉賣給他人。這些法律上的權利，不會因為平原的漢人或其他人的迷信、信仰或習俗，而受到限制或影響。假使他們想砍掉樹木或整地以從事農耕，悉聽尊便；假如他們想炸開岩石或挖開土地找尋礦產，也沒有問題，並可准許別人這樣做。換作漢人，在某些情形下，這樣做會違法受罰。其次，土人可以開礦，也可以允許別人開礦；他們可以蓋房子，也可以准許別人蓋房子，任何大小或樣式皆可；雖然漢人沒有這類權利，但他們可以享有這一切自由。他們可以做這些事情，只因為這些事是合於他們自己的法律，且合於大多數文明國家的習俗，同時與他們對中國的特別義務無所違背。

關於土地移轉，中國政府只能主張，必須在中國官府衙門面前辦理，並要蓋上官印；這樣做，是為了表示原住民所轉移的，僅是他們私有的權利；唯有蓋上中國機關的官印，才能代表帝國政府正式認可這項土地交易的合法性。

假使中國政府與列強之間的條約，能夠如此界定和確認土人的權利及義務，將對全世界帶來好處。這樣一來，土人所佔據的地方，

可能老早之前就可以像對客家人那樣，在最有利於保護個人產業及
土人的情況下，也對西方人開放了。原住民是能夠接受文明的。這
不但是我個人的經驗，很多在我之前就到過這些海岸且和土人有密
切來往的人，也都深信不疑。

　18 世紀的一位作者曾如此描繪平埔族：

　　台灣南部臣屬於中國政府的十二個村社中，現在只剩下
　九個了：另外三個已公然造反，不再向中國納貢，而與東部島
　嶼族人聯合起來。很多村社已歸順當朝，人們希望其他村社也
　會逐漸投降。雖然漢人把這些人描述成野蠻人，但他們似乎比
　許多哲學家更接近真正的智慧。漢人自己也承認，除了對他們
　的通事外，平埔族之間沒有欺騙、偷竊、爭吵或訴訟；他們以
　公正與親切對待彼此。假使你送東西給他們之中的一位，除非
　等到與他同甘共苦的人都得到報酬，他絕對不會動用那東西。
　看來荷蘭人佔領該島時，已經促使若干島民變成基督教徒。很
　多島民懂得荷蘭語文，會讀荷蘭文的書，能用荷蘭文書寫；在
　他們之間，還找得到一些宗教書籍的斷簡殘篇。平埔族不崇拜
　偶像，嫌惡任何與偶像相關的東西；可是他們沒有宗教的行為
　（如天主教徒那樣），也不唸祈禱文[11]。

　荷蘭人講得同樣明白。1675 年，一位荷蘭歷史學家（按一）談
到這些平埔族時，寫道：

....
11 原註：P. du, Halde, *The General History of China*, vol. 1, pp. 179-180, London edition, 1736.

他們一般說來性情很好、非常友善，殷勤款待我們；他
們不會害人或偷竊，對朋友或盟友忠心耿耿[12]。

荷蘭人佔領台灣時，平埔族學會如何以外國（羅馬）字母書寫自
己的語言。這個事實為荷蘭人所證實，如今在木柵（Baksa，打狗以東
28英里。今高雄市內門區木柵）僅存的平埔族那裡，能看到他們持有若
干當時的地契及其他文件，也可以為證。

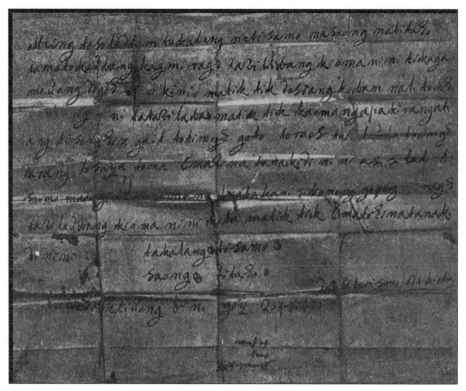

↑　馬雅各醫師交給李仙得的新港文書（引自《Notes of Travel in Formosa》）

....

12 原註：*Formosa Neglected*（《被遺誤的台灣》），2nd part, Amsterdam, 1675, 原文為荷文。

↑ 馬雅各醫師（左二）及其夫人（右三）（引自《Notes of Travel in Formosa》）

　　這類的文書，台灣府的馬雅各醫師（Dr. Maxwell）2 月時曾交給我一份。那些認爲台灣土人是卑賤族群的人，是根據居住在東北海岸蘇澳灣附近的族群，或是打狗以南 Panki 市鎭東方山上的族群來說的。這些族群是（菲律賓）Tagal 族的後代；16、17 世紀跟著荷蘭人或西班牙人來到台灣，驅逐當地的土人，佔領他們的土地，並予以滅絕或奴役；這些人皮膚黝黑、個性兇殘，和他們馬尼拉的同類一樣；對於他們所說的評語，根本不能適用於台灣島內大多數的土人。後者才是荷蘭人描述的對象。

　　假使中國政府與列強之間沒有條約，則依目前中國政府與台灣土人之間的關係，中國政府在土人產品運送到中國領域時予以課

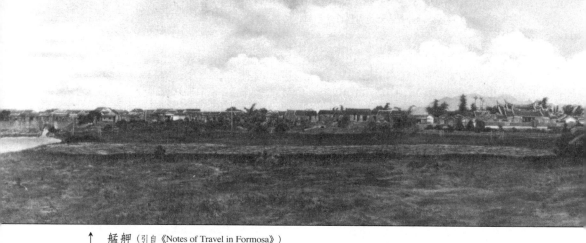

↑　艋舺（引自《Notes of Travel in Formosa》）

稅，不能認爲是在干預列強的商業和工業自由。因此，列強在法理上，無法反對中國政府在該島嶼的實際管轄範圍內，擁有樟腦專賣權利。然而，中國官方在這方面的特權，卻是受到現存條約所限制。

　　中國政府以前可以強制在各個口岸貿易的外商，只能與當地政府特許的「行商」（Hong merchants）或「公行」（Cohong）做買賣。這種辦法對外商傷害很大。因此英國在 1842 年就此事進行交涉，並將廢止它列爲停戰條件之一。1842 年 6 月簽訂的南京條約，第五款載明，中國朝廷允許英國商人住在條約口岸，可以與任何人自由貿易；土人或台灣並未被排除在外。因此，只要這一條約仍生效，過去妨礙我們與他們交易的專賣制度，就不能再存在了。

其他產品

　　我無法對糖、藍靛、菸草及茶的製造提出報告。這些主要產品的樣本，我去年已寄交到紐約。除了茶與糖，它們大多以當地小船外銷到中國的口岸。據說艋舺最有錢的商人都是從藍靛貿易致富的。島上大量生產的麻、通草及芝麻仔（漢人拿芝麻仔來榨油），也是島上重要的外銷品。去年曾試著出口少量芝麻到英國。

木材

　　我在台灣蒐集了各式各樣的木材，但還不清楚它們的價值。
1867年，我把木材的樣本寄去紐約的自然史博物館，其中很多木材
爲漢人所重視。這些木材有：江某（Kung-moo，俗稱鴨母樹），不含
油質，樹汁沒有味道，常用來做置放食物的木碗、木淺盤等，是一
種紋理細密的木材，也拿來製造漢人雨天穿的木屐。Mau-muh（毛
木？）很常見，長得很高大，主要拿來做傢俱、門窗等。赤皮（Chea-
per）是紋理非常細密硬實的木材，彈性甚佳，多用於製造船槳、舵，
當地鋤頭、鏟子的柄，以及其他日用的耐久物件。Chug-Kha-Ting（赤
柯櫟？）是裝飾用的木材，例如用作中國桌子的寬鑲邊，桌子中心則
用較淺色的木材。松羅（Seaon-lau，即台灣扁柏），漢人認爲它是最珍
貴的木材，也是最昂貴的木材之一，大量外銷到廈門及其他地方，
全數做爲裝飾用途，很適合做淺色的桌心。Cha-lew（赤柳？）是另
一種非常珍貴的木材，漢人主要用於刻圖章或封印，以及鑲嵌裝飾
傢俱，或是做小型的雕花木框。松柏（Sung-pih）是台灣當地人需求
很大的樹，產量也很多，用作造船材料很受重視，漢人認爲它不會
被水腐蝕，這點值得試驗；戎克船都是以它做龍骨。烏甜（O-Ting，
即薄姜木）長得很大棵，通常用於做木板。本地的山杉（Shwa-Sam，
又稱竹柏）顯然比從中國進口的好很多。龍眼（Lung-Yuen）是中國普
遍生產的水果，裡面有一個發亮的黑核，核外有香甜的白色果肉，
包在灰色的硬殼中。樟樹（Chang-Tz）能長到很大，無須特別描述，
它的用途已眾所皆知。此外，還有山龍眼（Shwa-Lung-Yuen，或稱野龍
眼）、校欑（Kaon-Tsang），和赤皮的用途相同；白匏（Peh-poo），和
江某很像，用途也一樣；柏仔（Pung-a），一種含有蠟質的樹（Stillingia

sebifera，俗稱木蠟樹），種子可以製蠟；Shiong-Lew（香柳？），一種柳樹；Chee-Cha（刺赤？），用於製造漢人雨傘的傘骨；以及黑檀木。噶瑪蘭廳是唯一森林茂密且能進行對外貿易的地方，其中有兩種可用於造船的木材：Pan-mock（扁木？）及樟樹。據一位能幹的探險家說，Pan-mock 的藏量豐富，長度達 24-48 英尺、直徑達 20-38 英寸，全都很直，樹況良好，少有彎曲。樟樹就沒有這麼豐富了，也沒有內陸山區所產的那麼大棵，高度不超過 15 英尺。噶瑪蘭廳的森林很容易進入，假使在山谷及山邊鋪設軌道，則將木材搬送到海岸的運費也不貴。

附錄

APPENDICES

附錄一　相關的美國外交通訊

英編按：李仙得原本將以下的美國外交通訊，當作第二章「清軍南下」的一則長註。第一封信是美國國務卿西華（William H. Seward）致函美國駐北京公使蒲安臣（Anson Burlingame），指示蒲安臣如何處理羅發號事件；其中的第四點，尤其值得注意，因為它明確地禁止美國人從事任何殖民台灣的行為。第二封及第三封信為准許李仙得有權調查及解決羅發號事件的外交公文證件。第二封信是蒲安臣致函李仙得，指示他協同中國官方，懲罰羅發號屠殺事件的凶手；第三封信是西華交代蒲安臣，特別要求他約束李仙得須按第一封信的指示前往南台灣行動。第一、第三封信皆已出版於美國國務院的《美國外交通訊，1867-1868》（Washington, D.C.: Government Printing Office, 1868），1：498、501；第二封信的摘錄，可以在美國駐中國廈門領事館領事報告，1844-1906，M100，roll 3 找到。

【第一封】

第 202 號 美國國務院，華盛頓，1867 年 6 月 20 日，西華致函蒲安臣閣下：

……請遵循下列指示：

第一、調查該案真相。

第二、查報慘案發生地區是否屬於中國政府管轄範圍，或是設立何種官制。假如有，請要求他們進行調查、懲罰；可能的話要求賠償。

第三、如果當地並無設立衙門，你可建議應該採行何種措施以便善後，並防止類似慘案發生。

第四、請謹記美國絕無奪取及佔領台灣或其部分地區的意願。

【第二封】

美國公使館，北京，1867 年 4 月 23 日，蒲安臣致函李仙得閣下：

你所發出的前四號公文皆已收悉。

我立即促請中國政府注意羅發號事件，也收到他們對此謀殺案深表遺憾，並願盡可能提供協助之函。

我希望你能盡力夥同中國政府捕獲凶手，懲罰惡行，並防止將來發生類似慘案。

我請你以美國政府的名義向英國領事[1]等人表達感激之意。

【第三封】

第 206 號 美國國務院，華盛頓，1867 年 7 月 15 日，西華致函蒲安臣閣下：

國務院已經接到美國駐廈門領事李仙得於 4 月 1 日發出的公文，內附台灣洋商麥菲爾先生（McPhail）[2]一封信函摘要，內述美國三桅帆船羅發號在台灣附近擱淺，14 名船員中有 13 名遭到野蠻人殺害事件。李仙得先生說，他即將搭乘美國輪船「亞士休洛號」（*Ashuelot*）前往慘案現場，調查案情；他也表示，已經寫信給你，請示如何處理該案。關於此事，請同樣遵循我在上月份（6 月）第 202 號公文中所提指示辦理。

---

1 英編按：指英國駐打狗（高雄）代理領事賈祿（Charles Carroll）。見 Harold M. Otness, *One Thousand Westerners in Taiwan*, 第 28 頁。

2 英編按：此人可能是打狗的英商天利行（McPhail & Co.）之 Neil McPhail。見 Harold M. Otness, *One Thousand Westerners in Taiwan*, 第 107 頁。

附錄二 李仙得開列的南台灣各社名單

英編按：李仙得原本將以下得自洪恩的各番社社名及人口資訊，當作
第三章「必麒麟和洪恩的探險活動」的附註。

~~~~~~~~~~~~~~~~~~~~~~~~~~~~~~~~~~~~~~~

　　十八番社的領域約 59 平方英里。在人口方面，除了洪恩先生
估計約有 2335 名住民之外，還包括 245 名阿美族男性，以及若干
阿美族婦孺。這些阿美族是被當地原住民擄獲，當做農奴使喚，我
稍後將進一步解釋。我尚未確知阿美族婦孺的人數。以下是各社的
名稱及人數：

部落名稱	男人	婦孺
Boutan Hwan（牡丹）	200	300
Cacheli（加芝來）	100	150
[C]u-su-coot（高士佛）	40	60
[Pat]-yi（八磯）	35	60
Chen-a-keak（四林㧜）	60	80
Dik-se-ah（竹社）	70	90
Ba-ah（八瑤）	40	60
Tuillassock（豬朥束）	80	100
Bang-tsoot（蚊蟀）	40	50
Sabaree（射麻里）	60	80
Peppo（平埔）	100	150
Kou-tang（猴洞）	30	40
Ling-Nuang（龍鑾）	60	100
Koa-lut（龜仔用）	40	60

附錄三　李仙得致清朝官員的信

英編按：李仙得原本把這封信當作第九章「牡丹社慘案」的一則長註。
這封信早先的版本，可見於他的領事公文（〈李仙得致台灣總兵及道
台，1867 年 6 月 22 日〉，收錄在美國駐中國廈門領事館領事報告，
1844-1906，M100，roll3）。他在信中對台灣總兵（鎮台）劉明燈及
兵備道（道台）吳大廷提出尖銳批評，指責他們不願意履行應盡的責
任，在他看來，這些責任是 1858 年的中美天津條約所規定的。李仙
得認為，這兩位官員所採取的立場，否定了中國對南台灣的管轄權；
當他寫這封信的時候，這情況顯然激怒了他。以下這封信的版本，和
他領事公文裡的版本有許多差異，可是，雖然李仙得似乎曾大幅修改
這封信，前後版本的行文也大不相同，但信中的語氣及重點並沒有顯
著的改變。在他看來，清朝官員拒絕承認對南台灣的管轄權，已引起
了殖民台灣的種種可能性，這在第十章「日本有權對台灣番地宣示主
權嗎？」有更詳細的討論。相關文件請參考〈李仙得致台灣總兵及道
台照會，1867 年 5 月 3 日〉和〈台灣道台及總兵函覆李仙得，1867
年 6 月 3 日〉（附錄五中的文件一、二）。信中的刪節皆為李仙得所做。

美國國務院 1867 年 9 月 24 日已認可這封信函。以下為信件內容：

美國廈門領事館，1867 年 6 月 22 日：

　　我對您驟然了結「羅發號」事件以及秉持的理由，感到極度失
望。在此之前，您毫不懷疑羅發號是在中國海域觸礁，她的船員也
在中國領域被殺。如果您對這點尚有一絲疑問，為何不在 4 月 24
日費米日艦長和我本人向您拜會，希望您出面協助調查這起令人悲
傷的事件的場合，看著地圖，說出您的看法，然後當面解決這個問
題呢？那個時候，您就應該提出您反對的理由，而不是等到現在才

講。因爲在那時，台灣南灣的季風適宜海軍行動，天氣還不太熱，而且我們的軍隊就在附近；那時我相信尚有許多不幸遭難者仍然活著，但他們現今肯定都已因暴力、饑餓或曝曬而死亡了；那時被殺害者的遺體可以取回，送還他們的友人加以埋葬，但這些遺骸至今已因歷時過久而難以辨認，或風化四散了。假使那時知道您的想法，我們可以自行完成上述這些事，不必任何人的協助；因爲您的無所作爲，我們也可以合理地要求保留日後的求償權。但是您當時的說詞，和現在大不相同。

您當時請求我們不要採取任何行動，且承諾會完成我們提出的一切要求。事實上，當時您這樣函告我：

> 我們得知土人屠殺三桅帆船「羅發號」船長及大副的消息後，已經在您抵達之前，指示文武官員處理該事件……我們會竭盡全力立即懲罰肇事者，以維持中國與外國列強之間的友好及和諧。對於此事，我們不敢勞煩費米日艦長及您提供軍事及軍艦方面的協助，因爲害怕您們一旦發生什麼意外，我們將感到痛上加痛。我們已再次指示文武官員派遣士兵和巡檢前去執行任務……（1867 年 4 月 19 日）[1]

4 月 29 日，也就是接到以上這封信之後，我們又接到您相同的保證，說您願意應允我們正當的要求，而總兵（劉明燈）也說，他過去少有在山地作戰的經驗，需要多給他幾天時間，以便擬訂周全的

------

1 英編按：信函全文請見美國國務院，《美國外交通訊，1867-1868》，1: 493-494。

作戰計畫。不過，總兵答應儘速採取行動，並稱自己兵力足堪懲凶，不需外力支援。他對我說：「光靠中國士兵就足以懲罰土番；何況我肩負朝廷受命遠征，當然需要全權指揮軍隊，不需外力協助。」在這種情況下，我與費米日艦長才決定袖手旁觀；我們覺得您已充分了解在條約下所應負起的義務，且您已下定決心要迅速、榮耀地履行該義務。我們完全了解，只要我們比您提早採取行動，就會妨礙到「羅發號」生還者的求償權，使您的政府免除對美國的責任；假如您未能履行義務，我們就會代為執行求償權……

您不能辯說當時不知道羅發號出事的地點，因為您在 4 月 19 日的公文裡，有提到出事地點是在紅頭嶼（Red head Island，今蘭嶼）。您也不是不知道羅發號船員在哪個海灣遇害，因為在同一份公文裡，您告訴我該處被土著稱作「龜仔甪鼻山」（Ku-wa-shu-pi-suan）[2]。

後來您又通知我，您的官員正待您下令，第一縱隊已整裝待發，他們很快就會以行動證明中國政府對西方國家是友好的。

可是您現在說的又是另一套了！同樣的一批官員，凌定邦（Tin Pan，南路營參將）、凌樹荃（Chew-Chang，前鳳山知縣）和吳本杰（Pen-Key，鳳山知縣），昨天還說要完成這個那個，現在仔細看完條約，卻突然聲稱他們什麼也不能做。根據您自己的敘述，他們向您報告如下：

條約第十一款及第十三款規定，在朝廷的管轄地內，無論岸上或海上，凡侵犯美國人者，文武官員應戮力懲罰之；然羅發號案中之美國人，並非被殺於中國領土或海域，而是於土番佔領之地，依條約規定，不得要求中國救濟。如在我國主權所在之地，當樂於拘

---

2 英編按：這可能是龜仔甪鼻山的誤拼。

捕罪犯歸案；中國人民亦與外國人交善。然而土番地域不在我國管轄區內，云云。

至於您自己，不僅沒有駁斥這番與您先前所說差異極大的話，反而告訴我：「我們的印象是，這些部屬所提供的應該是該案的真相，而且我們相信，生番形同禽獸，沒有人願意與其接觸。」

既然您拖延過久的回信所得到的結論就是如此，我們雙方現在可以仔細檢驗彼此的權利與義務。

因此，請讓我重申先前對您說過、寫過的話，美國政府對於此案的立場，就像在其他案件那樣，堅持中國須嚴格遵守條約的規定。在同治 6 年 3 月 15 日（即上面那封公文註明的 1867 年 4 月 19 日），您似乎充分理解費米日艦長和我的要求，承諾要對羅發號事件有所救濟，並懲罰殺害我們同胞的凶手。然而兩個月過去了，您們卻沒有執行任何維護這個最神聖約定的舉動，反而在最後幾天，才透過您的部屬，改口稱由於過去的疏忽，現在才知道根據條約，您們根本無需信守承諾。

我相信美國政府是不會接受這種說法的，而且請原諒我這麼說，我要代表美國政府，嚴重抗議您們對如此重要的一個案件翻來覆去的態度。我會盡可能保留對該案的所有賠償請求權，後果如何，請中國政府自行對美國政府負責。

然而，您應該考量到，關於羅發號船難事件及其船員被南台灣（屬於中華帝國的附屬地）土著所殺的相關問題，不僅影響到美國的利益，也影響到其他與中國存在貿易關係的西方列強；他們的船隻往返於台灣南端、東南及西南海面的西班牙、荷蘭、英國屬地，以及廈門以南及以北的中國口岸。

　　這些船隻，或是遵循他們自然而直接的路線，或是被風吹襲而偏離航道，都容易在羅發號發生事故的那帶碎浪海域遇上麻煩，勢必要到台灣南端的海灣避難；因為他們如果向東邊航行，會發現海岸線陡峭無比，連一般行船都不安全；如果沿著西岸向北航行，則要直到瑯嶠灣才能停泊，至少有 15 英里之遙。他們能撐得住嗎？根據羅發號最後一位生還者的宣誓證詞，似乎顯示這樣是不大可行的，因為當他們嘗試這樣做時，很快就因勞累、飢渴而不得不停住了。

　　所以，十次中總有九次，遭遇大自然不確定因素襲擊的船隻，都會停靠在南灣，這裡似乎是老天爺特意開放的自然避風港。因此根據人道原則，文明國家有義務讓台灣這塊地域不受任何野蠻族群盤踞；假使中國政府沒有這樣做，無論是聲稱管轄權不及於此，或是沒有能力或權力去執行這任務，外國勢力只好加以接管。

　　美國政府不願見到西方列強採取此項措施。他們從來沒有佔領台灣任何土地的意願，但如果非得如此，只好加以佔領；一旦到了這一地步，等於是啟動一系列的武力政策，最後可能導致中華帝國的解體，或至少會讓中華帝國蒙羞，因為朝廷無法獲得轄下人民的尊重，或履行國際法所規定的明確義務。我可以向您保證，您們變得興旺與強大，國內人民和睦相處，與外國保持和平，這才符合美國的利益；我們對您們沒有任何野心企圖，根本不想獲取您們的任何土地，我們自己的土地已夠大了；您們越強盛、越富有，我們兩國之間的貿易關係就越有利。您們的富裕有利於美國，反之則有損於美國。然而美國是貿易大國，以商業利益為優先。美國有意在世界各地擴大貿易，絕不會為了對中國或其他國家的盲目友誼，犧牲掉自己的利益。

　　未來假使有任何外國列強因中國政府怠忽或惡意，挺身而出控制南台灣，代為清除橫行肆虐的土番，我們將不會覺得遺憾。

　　台灣南端的海峽是一個最重要的商業通道，在任何情況下都應保持自由開放。在給了您這些保證後，我接下來要告訴您的是，根據國際法，您所稱為「生番」或土人聚居地域，西方國家有權要求中國政府維持在地秩序。

　　台灣土著的情況類似當今仍在美國廣大地域生活的印地安人。我們對兩者的立場是一致的。基於我們自身的利益，我們會對外國堅稱，印地安人生活領域完全在我們管轄範圍。即使您們從未想要介入土人內部事務，只是要求所有外籍代表撤出土番境域，避免勾結土人，結果還是將造成外人佔據土人聚落；為此，您們應該仿照我們對待未開化土人的辦法。因為如果您們認定這塊土地屬於蠻荒未墾禁地，那就等於承認任何勢力可以先佔先贏，具有絕對的主權，就像西班牙當年發現新大陸，或是您們當初在台灣西岸建立殖民地一樣。因此，您可以了解我們的看法，不能將土番視為化外禽狉，也不能承認他們享有領土主權。中國政府有權隨意佔有該地。事實上，中國政府早就採行這套辦法，允許西部民眾搬出擁擠的聚落，朝東海岸開闢新生地，並持刀帶械，驅趕在地土番。我相信不久的將來，漢民將從台灣海峽擴張到太平洋沿海，從而佔據全島。他們這樣做，便在「法體上」（de facto）確認了我前引法律的正確性，而且憑藉著這點，優勢人種從世界之初開始，逐漸以他們的文明開化劣勢人種。中國政府當初分割台灣土番土地，分配給需要的民眾使用，就是秉持他們的土地屬於無主狀態。不僅如此，政府官員預期漢人勢將佔領土人地域，於是訂立一些極為苛刻的律令，控制西部

商人和土人的交易活動。舉例而言，台灣最爲重要的外銷商品之一，
樟腦，即是取自深山土人境界。任何外人禁止入內採伐，或是經營
出口貿易。只有中國政府享有全權出口貿易的利益。任何侵犯這項
專賣獨佔權利者，一律處死。

　　所以，中國政府對於台灣土人的管控方式，更甚於美國對待印
地安人；事實上，過去兩百年來，中國政府一直強悍地宣稱享有所
有土人全境的最高權力及統治權。顯然，這便是清楚表示，任何土
人產生的糾紛，都受中國官方管轄；儘管目前土人所居之地，仍然
未在縣治範圍，但是，在這塊地域所發生的犯行，不管肇事者是漢
人或是土人，都是中方，而不是外國政府的職責。儘管土人境內住
民不是漢人，它還是中國領地；事實上，中國政府隨時可視情況，
採取必要預防措施，管制在地居民的日常生活……

　　我很誠摯地希望這封信可以讓您重新判斷對於中美雙方至爲重
要的許多事情。謹致上最高的問候與尊敬。

此致台灣道台

附錄四 李仙得與清朝官員之間的協議

英編按：李仙得原本將以下文件當作第九章「牡丹社慘案」的一則長
註。這份文件總結李仙得在 1872 年與清朝在台官員所達成一系列協
議的要點，此即在南台灣建立一座砲台或是一座燈塔，以防止未來再
發生外國船員被屠殺事件。

～～～～～～～～～～～～～～～～～～～～～～～～～～～～

以下是台灣鎮台（林宜華）、道台（黎兆棠）、知府（周懋琦）、廳（鳳
山同知張夢元）與美國領事李仙得會商後，仔細擬訂的備忘錄。本次
會商重要內容如下：

枋寮和楓港之間的海岸常出現強風巨浪，導致航行困難。同治
6 年（1867 年），前任劉（明燈）鎮台曾深入內山，探訪土人，並開
築了一條道路。不過，由於使用人不多，乃至沿路雜草叢生，回復
舊狀。現在，李仙得將軍認為，如果枋寮與楓港之間沒有通路，各
地頭人有事需與枋寮官員商洽時，勢將難以溝通，因此，有必要重
新開路，以便利於聯繫；同時，加祿堂、楓港、車城及其他地方頭
人耆老，都應該具結，保證協助士兵開通此路；更且，該地區官員
應該採行必要措施，防止該路再度荒廢無用，以便遭遇船難的船員
能經由該路前往（台南）府城（Fu city）。李仙得領事也認為，船難
發生的原因主要是大樹房迄今沒有設立燈塔。因此請求北京當局下
令海關總稅務司，從每艘船隻已收海關稅金，按 10 分之 7 比例，
抽出經費，做為建造燈塔基金。

前述建議，我們（鎮台、道台、府、廳）幾經磋商，決定採納；但

因目前我們正在枋寮興建官舍，無法同時進行其他建築工事；必須等官舍與軍營打造完成，才可進行其他工事。除此之外，我們尚得往上呈報，得到上級授權後，始可執行建造工程。同治 6 年，曾考慮在龜仔甪建立砲台；但考慮到此地土人可能反擊，暫時不宜動工。同時，考慮到在大樹房建立燈塔，即可預防船難。因此，我們（鎮台、道台、府、廳）決定，關於在龜仔甪與大樹房建立砲台一事，就此擱下。

現在李仙得領事同意可以不在大樹房建砲台，且在道路沒有重新開築，而燈塔能夠建造的條件下，必須執行同治 6 年的協議。上述結論尚需得到雙方國家上級官員的指示；等接到指示後，我們才知道如何進行。假使後續可行的話，李仙得領事與當地官員必須召集十八部落的頭人們，向他們明白解釋各項措施之原因，以解除其疑慮；並更進一步嚴禁土人以及閩、粵移墾民人，不得對船難者施加任何暴力；如果他們救助船難者，領事及當地官員將給予獎賞，以資鼓勵。

協議事項如下：枋寮位在鳳山知縣轄區以南約 60 華里，靠近土人地域，是監督他們重要的據點，因此建議將部署在鳳山縣興隆里的巡檢移駐枋寮；此外，從最近指派給台灣道台的兵力中抽派出一名千總及 50 名士兵，另從南路（下淡水）營抽派 50 名士勇，總共 100 名兵員，隨同巡檢駐防枋寮，以資保護外國人士；巡檢須聽從指示，照管當地。至於更重要的事務，須由鳳山知縣稟告道台和知府，仔細調查、妥善解決及撰寫報告，然後呈報北京朝廷知曉。

奉派駐紮枋寮的巡檢、千總及士兵，應根據協議的規定，勤勞任事者給予獎賞，玩忽職守者則予以處罰。

在瑯嶠地區，海岸地帶多住閩人，山丘一帶盡爲粵籍客人，內山地區則全屬土人。在這三大類住民當中，各自推選一名頭人，一名副手，名曰隘首，並選拔 50 名民壯，充當隘丁。

這三籍人須在個別領域興建營所，以資自保；遇有受難船舶，須護送船員前往枋寮駐營，然後按級呈送縣府，依據協議予以照料。

楓港也須倣照前例，選拔頭副二人及 50 名民勇，依序接受枋寮巡檢、千總及台防理番同知監管。並責成鳳山知縣一體稽查。

道台和台防同知應頒授官銜印章箚給予頭人、副手，以昭信守；三年任滿稱職，應與賞徠，以資鼓勵。隘首可授予把總銜（榮譽），副隘首給予外委銜（榮譽）。如果持續勇於任事，可將副隘首升爲把總銜，隘首獎以把總調營差委。

番籍頭人未便授職留營，應加給五、六品頂帶，以示鼓勵。

如果表現不佳，把總降爲外委，外委則予解職，改任新人。

同治 11 年 2 月 4 日（西元 1872 年 3 月 13 日），協商完成日

附錄五 有關羅發號事件的文件

英編按：本附錄收錄三份與羅發號事件有關的文件。文件一，李仙得將他前往南部調查羅發號事件的結果，告知台灣的清朝官員；文件二提供一個清楚的範例，說明李仙得在得知清朝官員否認中國對於土番具有管轄權的論點後，為何發展出土人地域屬於無主之地的論述；文件三，海軍司令柏爾恭喜李仙得與卓杞篤協商成功，並建議他將此協議公諸於世。從事後發展看來，清朝官員比李仙得所期望的更不願合作。文件四、五是李仙得與中國官員交換意見，討論是否應如李仙得所求，在南台灣建立一座砲台。

~~~~~~

1、李仙得致台灣總兵及道台照會，1867 年 5 月 3 日[1]
　美國廈門領事館，1867 年 5 月 3 日

謹致台灣總兵及道台：

我很榮幸收到您們在同治 6 年 3 月 28 日（1867 年 5 月 1 日）發出的公函。

茲以此信回覆。我已在台灣南灣，也就是羅發號船員被害之處，待了兩天。我在那裡看見小型的漢人聚落。據說他們和謀殺我國同胞的土人來往。

我們毫不費力就停泊在悲劇發生處的對面。不過，因為現在在這個緯度已經吹起西南季風，海灣已不是那麼安全了。假如您們當

1　英編按：〈李仙得致台灣總兵及道台照會，1867 年 5 月 3 日〉，收錄在〈李仙得致西華函，1867 年 6 月 5 日〉（美國駐中國廈門領事館領事報告，M100，roll3）附件第 22 號。這封信是寫給台灣總兵劉明燈與台灣道台吳大廷。

初接受費米日艦長的建議，由他的鐵兵船代運軍隊，您們必能輕易地登陸該地。既然您們放棄這個好機會，將來的任務勢必艱困許多。

我們停泊在南灣的時候，看見一艘小戎克船也停在那裡，因此我們和船上四位船員（姓名為：Coo Pang、Lee Tung、Nagh Poo、Gha Kwan，最後一位是船長）交談了一下。我不相信他們給我很正確的資訊，但他們承認來自於台灣府，並與土人有貿易往來。我們本來是要登陸的，但鑒於您們請求我們不要干預此事，您們要自己單獨解決，所以我們就沒有留難這些人，讓他們走了。有些漢人會供應土人槍械及彈藥，以交換他們的木材；這些人顯然也屬此類。不僅如此，我相信殺害我們同胞的，並非如您們所說的是土人，因為我們在南灣看到的都像是漢人，也留著漢人的辮子。我們本來可以很快確定事情真相，但是為了不妨礙您們的行動，我們甚至不曾登陸。

您們應該也知道，有人通知我羅發號唯一存活的船員，在3月14日抵達瑯嶠灣後，曾派一位使者前往據說殺害我們同胞的凶手處。該使者當天回來，宣稱有五名船員在3月13日被殺。他同時帶話說，有另一艘小船在3月13日夜裡抵達，隔天有兩名船員被殺。另一位使者被派去詢問其他六人的情況，回報說又有兩人被殺。事實上，我們已有九名船員被殺害的情報，而我相信其他人，包括船長夫人在內，仍然還被南灣的居民監禁著。

我也想請您們注意，根據我從福州官方（Foo Chau Ting）所收到的最新消息，迄今仍未派遣中國軍隊前往土人地域。

在目前的情況下，我認為您們越快懲罰殺害我們同胞的凶手，越快解救那些可能還遭到這些凶手監禁的人，就越能履行中國政府與美國訂定的天津條約第十一款及第十三款。我要藉此機會重申，美中雙方若能嚴格遵守此條約，兩國原本的友好關係就得以繼續維持。

美國領事李仙得

2、台灣道台及總兵函覆李仙得，1867 年 6 月 3 日 [2]

　台灣府，同治 6 年 5 月 2 日（1867 年 6 月 3 日）

致美國駐廈門領事：

　　敬啟者。我們（劉明燈總兵及吳大廷道台）於本年（陰曆）4 月 24 日收到鳳山縣吳知縣（吳本杰）稟報如下：

　　　前署鳳山縣知縣（凌樹荃）、南路營參將（凌定邦）及我本人，前後接到英國領事通知及美國領事李仙得公文，告知三桅帆船羅發號船難及其船員在龜仔用鼻山（Caw-cass-piss-any）[3] 被殺之事，以及您的派令，要求我們派遣文武前往查辦，緝拿凶手，以資懲罰。本人與凌參將即刻帶領營士，前往打狗，知會賈祿領事（Consul Carroll）及海關稅務司惠達（White）[4]，並稟告上情。我們隨即展開籌備工作，由把總潘春暉（Pau-Whin-Whey）提供幾位嚮導，凌參將召集一群優秀的船員及有經驗的士兵，準備部署，以期達成目標。我們也指派同知鄭元杰（Wang-Lee-Whang）周歷履勘，繪圖呈送。這些事都已向您報告了。

　　　現在把總潘春暉（Pang-Chang-Whin）向我（吳本杰）報告，說他已前往瑯嶠灣，查詢當地混生住民，得知羅發號船員是在瑯嶠灣以南 12 或 20 英里處被殺。該地生番穴處狉居，不載版圖；瑯嶠灣居民也不通曉他們的語言。海岸礁石林立，如同草

....
2　英編按：〈台灣道台及總兵函覆李仙得，1867 年 6 月 3 日〉，收錄在〈李仙得致國務卿，1867 年 6 月 30 日〉（美國駐中國廈門領事館領事報告，M100，roll3）附件第 23 號。
3　英編按：這可能是龜仔用鼻山的誤拼。
4　英編按：惠達（F. W. White）於 1866-1867 年任職於打狗（高雄）海關。

叢，難以駛達。陸路沿途則有土人隱身石穴草叢，等著向敵人開槍，舉步維艱。我們費盡辛勞，購買線民，方得探取這些情報。

瑯嶠灣在我方轄下，唯居民甚少，四周都是極茂密的叢林。每當政府需要木材時，會派個通曉他們語言的人前往採買。可是龜仔用鼻山（Kaw a kow piss any）距離瑯嶠灣15或20英里遠，兩地之間根本無路可通，鳥道羊腸，箐深林密，僅闢一線以通行人，兼有離番潛伏伺殺。那裡的土人像老鼠那樣藏身在洞穴裡，進進出出，也如鼠類般難以察覺。

我們（凌定邦、凌樹荃、吳本杰）仔細看過條約，第十一款及第十三款規定，美國人若在中國領域內遭到侵犯，中國文武官員得悉後，應立即懲罰加害者。但是羅發號事件的美國人，並非於中國的領土或領海內，而是在土番佔據區域遇害，因此完全不適用於該條約。假使我們有能力緝拿凶手，當樂於拘捕罪犯歸案，絕不會拒絕；中國人民亦能與外國人交善。可是土番不隸版圖；我們的軍隊無法在該地行動。這就是我們面臨的困難，我們必須向您坦白告之。同時懇請您務必斟酌，並惠賜答覆。

接到以上報告後，我決定讓您知道此事，並寄給您我先前收到的相同主題的公文。我們的印象是，這些部屬所提供的應該是該案的真相，而且我們相信，生番形同獸類，為聲教所不收。像貴國這般偉大寬容的國家，當鄙視此類，不必與其計較。

謹此敬呈

3、柏爾海軍司令致李仙得函，1867 年 12 月 11 日[5]

美國旗艦哈特福號，長崎，1867 年 12 月 11 日

美國駐廈門領事李仙得將軍閣下：

我很榮幸於本月 5 日，透過美國輪船「阿魯斯圖號」（*Aroostook*）收到您 11 月 28 日的信，得知羅發號事件在台灣的調解情形。

將軍，獲知您任務成功的詳細報告後，我真心感到喜悅。這次任務從開始籌備到執行，都面臨惡劣的環境；大概除了您以外，任何其他人都會氣餒了。能有這樣的結局，主要得歸功於您，而且我相信，它能立即裨益所有因船難而不幸漂流到這段敵意海岸的人。

在此，我斗膽建議，在您把此協議內容公布在香港及上海的貿易期刊前，您的工作還不算全部完成。您與卓杞篤達成的關於出示紅旗的共識，必須以簡短的聲明傳給船員們；您亦須準確描述中國政府預備建在島嶼西南端，以便保護船難者的砲台位置。

美國亞洲艦隊少將司令柏爾

5　英編按：〈柏爾海軍司令致李仙得函，1867 年 12 月 11 日〉，收錄在〈李仙得致 W. P. Mangum〔美國駐上海副領事〕，1868 年 4 月 1 日〉（美國駐中國廈門領事館領事報告，1844-1906，M100，roll3）附件第 32 號。

4、台灣黎道台、楊總兵和祝知府致李仙得照會，1870年2月16日[6]

台灣府，1870年2月16日

台灣黎道台（黎兆棠）、楊總兵（楊在元）與祝知府（祝永清）致美國駐廈門與台灣領事李仙得將軍

閣下：

我們謹備此信，據以回覆有關不久之前，有一艘名為羅發號商船在瑯𤩝遭遇船難，船員被土人殺害事宜。閣下曾請求在當地的龜仔用鼻山建置一座砲台，以便保護船商，並約束土人行徑。在我（道台）就任後，您寄給我一封公文，說有一艘中國帆船在瑯𤩝遭到海難，船上所有中國人和外國人都被土人捕捉。我得知後，立即派遣一名把總（潘春暉）帶領一隊士兵前去處理。（陰曆）12月4日，這位把總找到並帶回一位名叫 Jani 的外國人及十六名中國人。這些人經我詢問後轉交給知府，並命令知府把外國人交給領事（Mr. Cooper，英國駐打狗領事固威林），也記錄了他的答覆。雖然過去土人本性殘酷，可是現在也可能接受教化，上述事例即可為證；因此，與其用軍隊監督他們，不如對他們示以仁慈；況且一座砲台能保護的範圍很有限，土人活動的地域又是如此廣大。當土人已經意識到他們必須保護外國人，我們就不該建一座砲台，以免他們生疑。假使有一天發生船難而砲台鞭長莫及，土人偷偷把船難者殺了，那麼不但外國人受到傷害，當地官員也會陷入極大的窘境。因此我們現

---

6 英編按：〈台灣黎道台、楊總兵和祝知府致李仙得照會，1870年2月16日〉，收錄在〈李仙得致 S. S. Williams，1870年5月4日〉（美國駐中國廈門領事館領事報告，1844-1906，M100，roll3）附件第53號。

在認為，與其建立砲台，不如派駐一位巡檢（駐守枋寮）、一員千總加上 100 名汛兵，以及 8 位「隘首」各帶壯丁 200 名（其中兩位隘首駐守楓港）防衛該地，替代建立砲台的計畫。現在土人已經和您們達成協議，而我們也派遣官兵予以監督，想來貴國官員素來講究人道與仁慈，應不願讓他們活在武力威脅的陰影中。

5、李仙得致楊總兵、黎道台及祝知府照會，1870 年 2 月 18 日[7]（原

文略有增減）

台灣府，1870 年 2 月 18 日

美國領事李仙得將軍致台灣楊總兵（楊在元）、黎道台（黎兆棠）與

祝知府（祝永清）照會

閣下：

　　我很榮幸承收到您們本月 17 日的聯名信函……

　　既然您們已指派一位巡檢、一員千總、兵 100 名，以及 8 名隘

首、200 民壯，常駐龜仔甪鼻山及楓港，我建議您們應該立即行動，

以便維持當地秩序。至於在島嶼南端建立砲台一事，尚待北京裁示。

您們目前所能做的事，大概就是如此了。

7　英編按：〈李仙得致楊總兵、黎道台及祝知府照會，1870 年 2 月 18 日〉，收錄在〈李仙得致 S.
　　S. Williams，1870 年 5 月 4 日〉（美國駐中國廈門領事館領事報告，1844-1906，M100，roll3）
　　附件第 53 號。

附錄六 海軍司令柏爾遠征南灣通訊[1]

1867 年系列，第 53 號公文

美國旗艦哈特福號（第二級）

1867 年 6 月 19 日，中國上海

謹致尊貴的威勒斯（Gideon Welles），海軍部部長，華盛頓特區

閣下：

　　我很榮幸向部裡報告，根據今年 6 月 3 日編號第 46 號指令，我在當月的 7 日乘哈特福號離開上海，由指揮懷俄明號（*Wyoming*）的海軍少校卡本特（Carpenter）陪同，朝台灣島南端前進，以便在可能的情況下，痛擊那幫居住在東南端或東南尖的土番；他們在今年 3 月間殺害遭遇船難的美國三桅商船羅發號船長及其船員。

　　6 月 10 日，在往南航行途中，我下令哈特福號指揮官柏樂內（Belknap）進行裝備，分別讓 40 名水兵配備 Plumaith 滑膛槍，另外 40 名配備 Sharp 來福槍，出動全部海軍陸戰隊員，搭配 5 名榴彈砲手。懷俄明號海軍少校卡本特的弟兄也配備 40 支 Sharp 來福槍，並由軍官指揮海軍陸戰隊員帶著 40 份彈藥、4 天口糧和水，準備登陸。這是一支訓練精良的軍隊，總共有 181 名官兵。我在 6 月 12 日停泊於台灣的打狗，僱請一名通譯；蘇格蘭人必麒麟先生，過去常和土著在一起，也志願擔任通譯。我接受了兩位通譯，唯必麒麟

1　譯按：本附錄譯自《Foreign Adventurers and the Aborigines of Southern Taiwan, 1867-1874》第二章。本章係 1867 年柏爾司令遠征南灣之役中，主要參與者從各個面向描繪這場戰鬥的細節，相當珍貴。全文曾刊載於 1867 年 8 月 24 日的《紐約時報》。

先生不肯接受我給他的酬勞。我也接見一位住在打狗的商人泰勒先生（Mr. Taylor）[2]，以及英國領事賈祿先生（Charles Carrol）。賈祿領事先前曾仁慈地派信差去和土人接洽，如果不幸的羅發號船員還有生還者的話，希望能全數贖回；後來他還登上伯洛德艦長（Captain Broad）指揮的英國砲艇科摩輪號（*Cormorant*），前往那個發生問題的海灣，並在登陸時遭受攻擊。這些先生們希望加入征討行列。第二天（6 月 13 日）早上八點半，我們停泊在台灣南端一個廣大開闊的鋸齒狀海灣的東南邊，距離海岸半英里；該處在目前這個颱風季節頗為危險，但是在 10 月到次年 5 月東北季風時期，卻是個絕對安全與方便的停泊處。九點半，181 名軍官、水兵及海軍陸戰隊隊員，帶著 4 天的口糧及飲水，在哈特福號指揮官柏樂內及副指揮官麥肯基海軍少校（Alexander S. Mackenzie）的指揮下登陸了；海軍旗艦少校麥肯基在我們停泊之後便急欲發動征討。我們透過望遠鏡，看到身披碎布、皮膚漆紅的土人，10 人或 12 人一隊，聚集在 2 英里外的山丘上；他們的滑膛槍在陽光下閃閃發亮，傳示他們攜帶的是何種武器；他們的動靜，我們幾乎整天在船上都看得到。當我們的弟兄進入山區時，熟悉山徑的土人決定大膽地正面迎擊。他們敏捷地穿梭於高草之間，從始至終都展現出不遜於我們美洲印地安土著的策略與勇氣。土人開了槍就撤退匿跡，等我們弟兄衝鋒到他們的隱蔽之處，往往又中了他們的伏擊。

　　我們的分遣隊就以這種令人煩擾的方式，在船上人員看不見的

---

2 英編按：可能是怡和洋行（Elles & Co.）在打狗的代理人 W. H. Taylor。見 Harold M. Otness, *One Thousand Westerners in Taiwan*, 第 154 頁。

↑　美國旗艦哈特福號（引自 http://upload.wikimedia.org/wikipedia/commons/5/52/USS_Hartford_painting.jpg）

情況下追擊著土人，直到他們在下午兩點停下來休息。這時，土人趁機悄悄靠近，對一隊由麥肯基海軍少校領導的弟兄開槍。麥肯基海軍少校置身於山茲海軍上尉（Lieut. Sands）指揮的連隊的最前方，大膽地衝進土人所設下的埋伏處，被滑膛槍射中要害，在同僚將他抬到隊伍後方之後，不幸身亡。我們海軍可以自豪地說，找不到比麥肯基少校更勇敢、更有前途的人了；他的專業知識豐富，資質高、行為機敏，為人溫文儒雅，因而獲得弟兄們的信賴與愛戴。他總是義無反顧的一馬當先，為弟兄們樹立了超群的典範。

　　有好幾位軍官及弟兄嚴重中暑，對敵人發動四個鐘頭的追擊後，整支部隊已經精疲力竭。指揮官柏樂內衡量形勢，下令部隊撤回沙灘重新佈哨，但在這2、3英里的撤退過程中，許多弟兄不耐致命高溫的曝曬，身體狀況淒慘，指揮官於是決定和他們一起退回船上；此時是下午4點，他們已在華氏92度（約攝氏33度）的艷陽下，相當費勁地行軍6個小時。當天下午，船艦軍醫報告該日的傷亡：一人死亡、十四人中暑（其中四人病勢嚴重）。沒有水兵，說實在的，沒有任何不熟悉叢林作戰的軍隊，曾表現出他們那樣的勇氣，但顯然這些水兵並無法適應這種戰爭，敵人身手又相當嫻熟，我們的弟兄唯有經驗增長後，始能進行這類作戰。此等顧慮，加上許多士兵及軍官因為中暑而渾身乏力，沒有辦法再繼續這樣撐一天，我決定讓他們就此打住，不再登陸；況且他們已極盡所能，燒毀一些土人的茅屋，對土人的戰士追到不能再追為止，雖然也付出悲慘的喪命代價。我深思過，土人藏身之地的樹林與草叢，在這個季節是無法以火攻摧毀的；我觀察到，土人在每處森林空地都蓋有竹屋，遙遠處也有餵養水牛，顯示他們並非如外界所描繪的那樣，野蠻無知到不識人間煙火。要制伏這個為數不多、野蠻加暴於船難人員的族群，唯一有效的方法，就是由中國官方佔領這個海灣，在軍隊的保護下，讓漢人移居到此地；美國駐北京的公使，或許可勸服中國當局這麼做。我將能處理的全做完後，在晚間九點下令開船，6月14日抵達打狗。因為打狗沒有公墓，英國領事賈祿善意提供英國領事館的花園，做為英勇的麥肯基遺體的下葬之處；領事館與四艘商船都降了半旗，打狗的外國人士全參加了喪禮。

　　我們在6月14日晚間六點半啟航，於今天抵達上海，預計與

前來加入本艦隊的砲艇會合。

隨函附上指揮官柏樂內的詳細報告，編號為 A；6 月 13 日指揮各連隊的四位軍官的報告，編號分別為 B、C、D、E；以及艦隊軍醫畢爾（Beale）對於傷亡的報告，編號 F。

美國亞洲艦隊少將司令柏爾敬上

【報告 A】

美國旗艦哈特福號（第二級）

1867 年 6 月 15 日，航行中

呈美國亞洲艦隊少將司令柏爾

　　長官：您 6 月 13 日對台灣島南端的野蠻人部落下達攻擊令後，我立刻採取行動，在該地區的特性、居民的性質及熾熱的氣候所能允許的情況下，盡可能地加以執行。當天早上下船後，海軍少校李德（J. H. Read）帶領一個步槍連，船長傅葛（Master W. M. Folger）帶領一小隊配備 Sharp 來福槍的偵察兵，海軍上尉格利登（G. D. B. Glidden）帶領懷俄明號分遣隊的部分弟兄，在我的命令下登陸海灣，他們的登陸地點在我準備登陸處東方約 3/4 英里，他們奉命穿過叢林，向東邊的山丘推進，目的是從側翼攻擊敵人，並在山頂與主力軍會合。我接著從哈特福號停泊處的北面進入海灣，沒有遭遇抵抗或困難就成功登陸，您的部屬海軍少校麥肯基，是第一位跳上沙灘的。海岸線邊沿生長著一片叢林，往內延伸約 100 碼，海軍陸戰隊員一登陸，立刻順著叢林外圍設下防線。弟兄們繫好小艇，水兵與陸戰隊在哈特福號火砲手克羅斯（Gunner Cross）及懷俄明號火砲手史塔波（Gunner Staples）的指揮下，建立起堅強的警戒哨，以一座輕型榴彈砲保衛我軍的側翼。我隨即帶領部隊進入叢林，朝進攻計畫指示的那塊黑巨岩右邊的山丘推進。這片叢林寬約 1/3 英里，穿越它的速度很緩慢，迂迂迴迴，非常吃力；叢林中偶爾也出現狹窄的走道或小徑，但走著走著，很快又碰上荊棘植物和枝蔓構成的茂密矮樹叢，以及一種小型榕樹的枝幹，弟兄們必須硬著頭皮闖過去。當

我們走出叢林後，來到一塊約 10 英畝大的開放空間，上頭零散分
布著一些茅屋及灌木叢。再前面一些，我們看見山丘從平原上拔起，
山丘伸展出多道支脈，各支脈之間的深谷盡是石塊和茂密的雜草及
小樹。我們檢查過這些茅屋後，就放火把它們燒了，然後部隊往作
戰計畫中標示的那塊大岩石右邊的一座山丘推進。除了離我們很遠
的右邊山頂之外，不見任何敵人，但一陣零星的槍火突然朝我們襲
來，是來自大岩石下方的埋伏。我們也開火還擊，接著暫停幾分鐘，
隱藏在灌木林下。我把弟兄們分成兩組，命令海軍少校麥肯基的部
隊暫時保持安靜，直到我這組人繞到敵人的右側面，屆時我會以擊
鼓為信號，他們便推進到山上與我們重新會合。在此同時，海軍少
校李德的分遣隊也已上岸，我們看到他們在離我們右面約 2 英里遠
的山丘上，偶爾有槍火從山丘的上方射向他們。我們在大岩石的底
部與海軍少校麥肯基會合後，便繼續緩慢的往右面的山上推進，不
時有槍火從四周的灌木林中射過來，發射的位置有遠有近；幸運的
是，敵人射得太高，大部分的子彈都從我們頭上越過。到某一點時，
敵人在不超過 100 碼處朝我們發射一陣槍火，帶著一隊偵察兵前進
的麥肯基海軍少校與山茲上尉，在主力軍的支援下，衝入敵人埋伏
處，可是狡猾的敵人迅速後退，邊撤退還邊從遠處的叢林傳出大聲
喊叫。我們只能偶爾瞥見敵人，通常是他們從灌木叢裡突然開槍，
或是他們光亮的滑膛槍槍身反射到陽光的時候。我注意到，幾乎在
每一處他們朝我們射擊的地方，灌木林的上角都綁著一小捆竹子，
似乎是為了避免中了我們的詭計（譯按：原文作 cunning，疑為 gunning
之誤），同時，也做為多個埋伏點之間的記號。當我們繼續推進時，
山邊的開放空間逐漸變得狹窄，接踵而來的岩石、灌木叢、密林和

崎嶇的深谷，都增加了土人的便利與隱蔽性，使我無法追擊他們。
大約在上述大岩石上方 1 英里處，弟兄們由於行軍及炎熱的陽光而
精疲力竭，於是我命令他們進入一片叢林，稍事休息及遮陽。海軍
少校麥肯基和山茲上尉帶著一隊偵察兵，在主力軍左上方的一處灌
木叢裡佈哨，另一群海軍陸戰隊員則在偵察兵下方 100 碼的叢林處
建立堅強的警戒哨；這兩支前哨部隊與主力軍構成三角形的陣勢。
兵力配置完成後，我找來副指揮官麥肯基，與他商量下一步驟；他
和我共處約 20 分鐘，然後他聽到前方佈哨處有戰火，便趕回前線。
在此同時，山茲上尉回擊敵人，並衝鋒到敵人躲藏之處；麥肯基海
軍少校趕上弟兄之後，先命令停火，等他來到隊伍的最前面，又領
頭發動另一波進攻。這時，主力軍走出叢林，正要增援前哨部隊之
際，我突然聽到喊叫聲：「有人受傷了，快叫醫生來！」我大聲叫
佩吉醫生（Dr. Page）到前線去，他們很快就把受傷的麥肯基裹著毯
子帶到我身旁，我命令他們把麥肯基帶回更後方。敵人隔著很深的
溪谷，躲在一大片叢林的後面開火。在這種情況下，如果繼續推進，
只會讓弟兄曝露在槍火的威脅下，且無法有效回擊敵人。這時，弟
兄們也開始出現疲累及中暑的癥候，我考慮到隊伍中有受傷及生病
的弟兄，帶著他們很難再行進攻，便下令撤退。主力軍先緩緩撤退，
由山茲上尉的偵察兵做掩護。下坡一小段距離後，我與海軍少校李
德的部隊會合。我命令後者與主力部隊一起撤退；傅葛先生帶領的
一支卡賓槍隊（carbineer），則與山茲上尉在一起。李德先生已燒毀
幾座茅屋，但沒有完成此次征討的其他目標。我們下山途中，在幾
處遭遇槍火，但幸好無人受傷。我們抵達平地之前，消息傳來，英
勇的麥肯基陣亡了。進入沿海的叢林地帶時，各隊伍及連隊分別走

幾條不同路線，以對付埋伏；行軍速度很慢且累人，尤其對抬著麥肯基遺體的兄弟更是如此。抵達沙灘後，我調遣海軍陸戰隊沿著叢林的邊緣做守衛，以免有任何突襲。小艇一備好，我先把遺體送上船。我原構想將部隊留在沙灘上，等天黑後在叢林裡佈下埋伏，但我發現官兵們在大熱天辛勞一整天後，全都體力不支，便決定讓全員回到船上。海軍陸戰隊隊長豐尼（Captain Forney）、懷俄明號的軍士布朗尼爾（Mate Brownell）以及十幾位弟兄，都已因中暑而變得衰弱，我恐怕在日落前還會出現更多類似的病人。我們在行軍途中，不見牛隻、水果、蔬菜或其他可以吃的東西，只看到三兩潭骯髒的死水；除了土人以外，不適合任何人飲用。台灣這處地區，極度適合印地安人的戰爭模式，而當前季節的熾熱氣候對於土人的助力，更甚於他們狡猾、殘酷的打仗模式，以及他們對腳下土地的充分認識。

↑ 難以穿越的茂密森林（引自 http://academic.reed.edu/formosa/gallery/image_pages/Other/SCape-Forest_B.html）

　　每個軍官都給我眞摯且有效率的支持。弟兄們樂意且堅定地執行了他們的任務。

　　以下是參與這次遠征的軍官名單：

A. S. Mackenzie，海軍少校（您的部屬）

J. H. Read，海軍少校

J. H. Sands，海軍上尉

Wm. Folger，船長（Master）

H. Elmer，船長（Master）

Jas. Forney，隊長

C. H. Page，助理醫師

R. H. Cross，火砲手

Louis Parker，艦隊司令之書記

A. C. Driggs，本艦指揮官之書記

G. D. B. Glidden，海軍上尉

G. V. Brownell，軍士

J. G. Staple，懷俄明號的火砲手

Chas. Carroll，英國駐台灣打狗領事

　　Taylor、Pickering，這兩位住在台灣的英國國民，志願參與這次遠征，提供良好的服務，且大部分時間都身處前線。泰勒先生聽到「有人受傷」的叫聲時，曾前去幫忙麥肯基少校。

　　以下這些弟兄值得特別一提，他們忠實地將麥肯基少校的遺體安全抬出叢林，搬運到小艇上：

John Kelly，前甲板隊長（Captain of forecastle）

Robert Knight，軍械士

James Franklin，甲板長

Wm. White，前桅樓隊長（Captain of foretop），由於精疲力竭和中暑，一抵達沙灘就昏倒了。

James McGuinnis，船艦下士

James Cunningham，水兵

John M. Small，三等水兵

死者的英勇就不必我來說了。孤單單躺在英國打狗領事館空地上的墳墓裡，已經比任何人講的話語更能說明一切。沒有人比您更清楚此人的價值、高貴人格及專業能力。當我說麥肯基海軍少校的陣亡，使軍中失去了一位最值得誇耀的人物，讓國家減損了一個最熱誠、英勇的防衛者時，只不過是在表達大家一致的看法。

本報告附上一張這場遠征的路線簡圖，以及李德少校、山茲上尉、佩吉助理醫師和豐尼隊長的報告。

我發現船艦與海岸間的海水深度呈規則性遞減；海灘也很陡峭；海底隨處可見扁平的大石頭。吹南風的時候，這些岩石會對小艇構成危險。在我們燒毀的茅屋裡，找不到人跡或文明人穿過的衣服；我們經過的地區也一樣。當我們穿越沿著海岸生長的叢林，快要回到船上的途中，曾經過一道乾枯的河床。它在東北季風的時候一定有充沛的河水，這將有利於冬季在此地區展開軍事行動。

您忠實的僕人 指揮官柏樂內（Geo. E. Belknap）敬上

【報告 B】

美國旗艦哈特福號

航行中，1867 年 6 月 17 日

　　長官：遵照您的命令，我很榮幸報告 1867 年 6 月 13 日麾下弟兄在台灣南岬的行動。本縱隊包括以下分遣隊：懷俄明號的 20 名弟兄，由格利登（Glidden）海軍上尉指揮；哈特福號的 62 名弟兄，由艾瑪船長（Master Horace Elmer）指揮；從哈特福號挑選 10 名弟兄組成的前哨部隊，由傅葛船長（Master W. M. Folger）指揮；總共 94 名弟兄，其中 5 名裝備成輕工兵。

　　依據您的指示抵達登陸地點後，我們將小艇停靠在沙灘上。傅葛船長指揮的前哨部隊佈署到前線。戰鬥隊形迅速整隊完成。將小艇拉到距離沙灘 200 碼處後，我們開始往內陸行軍，朝著距離海岸線約 2 英里的山丘前進。因為茂密的叢林地上長滿仙人掌和玫瑰藤，行軍相當痛苦冗長。經過兩小時費力的前進，我們到達了山丘，並燒毀幾間小房子；那些房子是最近才被棄置的。不久，我們看見前方山頂上有幾小隊土人，他們從老遠處向前哨部隊開槍；我們反擊後，他們立即後退。他們就這樣邊打邊跑，從這一山頂跑到另一山頂，從不讓我們的前哨部隊將雙方距離拉近至 800 碼，彼此戰鬥了約一個小時。弟兄們在崎嶇的山間追逐土人，不僅得穿越幾乎難以通行的茂密叢林，頭上還頂著灼熱的熱帶豔陽，體力很快就撐不住了。我讓弟兄們短暫休息後，就依照最初的命令，把縱隊帶往左邊，準備加入您指揮的主力軍。主力軍當時距離我們約 1 英里，我們這段行軍過程，是一整天當中最痛苦的一段；很多弟兄因為中暑暈眩，

需要同僚攙扶協助。趕上您的主力軍之後，部隊合併起來，後續的行動您都看在眼裡，無需我進一步報告。

我很高興能夠這麼說，所有軍官和弟兄都表現得很英勇。尤其是傅葛船長領導的前哨部隊，從事最艱鉅的行軍，也是唯一遭受土人困擾的弟兄。

謹此報告

海軍少校李德（J. H. Read）致美國哈特福號指揮官柏樂內

【報告 C】

美國船艦哈特福號

航行中，1867 年 6 月 15 日

　　長官：以下將就我所知，記錄海軍少校麥肯基的陣亡經過。大約於 6 月 12 日[3] 下午兩點，麥肯基先生徵求哈特福號的志願軍。我帶著手下 10 或 12 名弟兄加入他的隊伍。我們被佈署在灌木叢後面，負責監視敵人。我們就定位後幾分鐘，麥肯基被您叫去，由我負責該小隊。大約下午兩點半，敵人穿過矮樹叢接近我們的側翼，開始朝我們開槍，我命令進攻反擊。兩軍開始交戰後，麥肯基先生立即跑回隊伍，在我們前進超過 30 碼後，先下令停火，等他到了隊伍最前面，再命令進攻。當時由他領導進攻，另一隊敵人在距離我們約 75 碼處朝我們射擊。敵人立即開了五、六槍；其中一槍射中了麥肯基先生。我不知道他傷得那麼嚴重，讓他自行走到隊伍後面和醫生會合；醫生這時已趕了上來。我們朝敵人齊射了兩三陣槍，迫使他們撤退，等我們又前進了 15 碼，就接到撤退的命令。10 分鐘之後，我才知道麥肯基先生陣亡了。為了追擊敵人，我們衝過一個生滿長草的小山谷，行動因而受到阻礙；過了小山谷之後，又來到一個長滿了矮樹叢的深谷，根本看不到敵人的方位。只能順著他們槍管冒煙的地方，對著槍的反光射擊。我們卻被看得一清二楚，成了敵人的靶子。他們就躲在矮樹叢裡，我們的視線只能看進矮樹叢不到 10 英尺。

　　謹此報告

　　　　　　　山茲（J. H. Sands）致美國哈特福號海軍少校柏樂內

---

3 譯按：應為 6 月 13 日。

【報告 D】

美國旗艦哈特福號

航行中，1867 年 6 月 17 日

　　長官：我很榮幸就海軍陸戰隊參與本月 13 日台灣島戰役的經過，向您呈上一份簡短報告。我們遵照您的命令，率先登陸，我指揮 20 名陸戰隊員前進，充當前哨部隊。一片茂密到幾乎無法穿越的灌木叢，使我們無法快速前進。我和陸戰隊員深入到距離海灘半英里的某條小溪邊，沒有碰到任何敵人，然後便被召回等待進一步的命令。您指示我把一名中士和五名弟兄留在沙灘上，其餘隊員則加入由您指揮的主力軍，一齊前進。此後的過程您都看到了，我沒有進一步可報告的，但值得一提的是，弟兄們冒著這樣熾熱的陽光，行軍在這樣崎嶇多山的地區，還表現得如此英勇，應該得到嘉獎。軍械士官高德米爾（Goller-Meyer）一整天對我大力協助，在此特別一提。有幾位弟兄因中暑而暈倒，但是沒有嚴重受傷，現在已恢復勤務。

　　上岸的海軍陸戰隊員共有 43 人；31 人來自哈特福號，12 人來自懷俄明號。我們遺失一支 Sprinfield 來福槍；我想這支槍應該還在懷俄明號上面；還遺失一支橫笛、一只步槍背帶及兩個水壺。

　　謹此報告

美國海軍陸戰隊隊長豐尼（James Forney）致

美國哈特福號指揮官柏樂內

【報告 E】

美國旗艦哈特福號

航行中，1867 年 6 月 15 日

　　長官：應您的要求，就麥肯基海軍少校 1867 年 6 月 13 日在台灣島南端與土著的前哨戰中陣亡一事，做成以下報告。麥肯基海軍少校所屬的主力軍，在早上十時登陸，隨即深入內陸約 4 英里，在下午兩點停歇於一片茂密叢林的邊緣地帶，暫時休息遮蔭；當時麥肯基先生帶領 10 人組成的分遣隊，派駐在主力軍的側面，監視向我們開槍的敵人之行跡。停歇後不久，麥肯基先生被部隊指揮官召入叢林會商。會商期間，敵人的槍火再起，麥肯基先生立即趕回他的隊伍前面，約兩分鐘後，我聽到有人喊著：「醫生！醫生！」就立刻跑到前方，發現麥肯基先生倒臥在地，左手放在右胸上。我抓住他的外套領口，問他哪裡受傷，同時也動員所有能幫忙的人手，盡快把他拖到隊伍後面。他仰頭看著我，把左手抬到胸部高一些的部位，說著：「佩吉—佩吉—佩吉—我死定了！」大約在下午兩點半斷了氣，離他中彈約三或四分鐘。他的傷口直徑約 1 英寸，圓形、平滑，深深地穿透他右胸的前上部位及中間部位，剛好在鎖骨下面，沒有顯著的出血性外傷。

　　謹此報告

　　　　助理醫師佩吉（Charles H. Page）致美國哈特福號指揮官柏樂內

【報告 F】

美國旗艦哈特福號

台灣南灣，1867 年 6 月 13 日

　　長官：我很榮幸報告今天本艦軍官與士兵在島上與土人作戰的傷亡狀況：海軍少校麥肯基，陣亡；指揮官柏樂內，嚴重中暑；海軍陸戰隊隊長豐尼、前桅樓隊長 William White、三等水兵 William Jackson、水兵 Joseph Quinton、水兵 Philip Worristoffer、三等水兵 John H. Earle、新水兵 Edward Forest、三等水兵 Martin Finnerty、新水兵 Eugene Sullivan、新水兵 Thomas Savage、三等水兵 George K. Mills、三等水兵 John Hynes，以上皆中暑；海軍陸戰隊員 Wm. Conner，挫傷。經歷這次征討回到船上的弟兄中，有很多人因炎熱、過勞而精疲力竭，但他們卻幾乎立即回到工作崗位，因此我覺得不適合放在這個傷亡名單上。然而我要強調的是，當所有弟兄們回到船上時，都出現最疲累、衰弱的模樣。

　　謹此報告

　　　　　　　艦隊軍醫畢爾（J. Beale）致美國亞洲艦隊少將司令柏爾

附記：懷俄明號的軍士布朗尼爾（Mate Brownell）被帶上本艦時，由於過熱和精疲力竭而呈現譫妄狀態。不過，幾個小時後就恢復正常，被送回懷俄明號去了。

索引
INDEX

回憶在滿大人、海賊與「獵頭番」間的激盪歲月

Pioneering in Formosa

歷險 福爾摩沙

台灣經典寶庫5

W. A. Pickering
（必麒麟）原著

陳逸君 譯述 ｜ 劉還月 導讀

19世紀最著名的「台灣通」
野蠻、危險又生氣勃勃的福爾摩沙

Recollections of Adventures among Mandarins,
Wreckers, & Head-hunting Savages

前衛出版
AVANGUARD

台灣經典寶庫 4

封藏百餘年文獻
重現台灣

Formosa and Its Inhabitants

密西根大學教授
J. B. Steere (史蒂瑞) 原著

美麗島受刑人 **林弘宣** 譯

中研院院士 **李壬癸** 校註

2009.12 前衛出版 312頁 定價 300元

> 本書以其翔實記錄，有助於
> 我們瞭解19世紀下半、日本人治台
> 之前台灣島民的實際狀況，對於台灣的史學、
> 人類學、博物學都有很高的參考價值。
>
> ——中研院院士 **李壬癸**

◎本書英文原稿於1878年即已完成，卻一直被封存在密西根大學的博物館，直到最近，才被密大教授和中研院院士李壬癸挖掘出來。本書是首度問世的漢譯本，特請李壬癸院士親自校註，並搜羅近百張反映當時台灣狀況的珍貴相片及版畫，具有相當高的可讀性。

◎1873年，Steere親身踏查台灣，走訪各地平埔族、福佬人、客家人及部分高山族，以生動趣味的筆調，記述19世紀下半的台灣原貌，及史上西洋人在台灣的探險紀事，為後世留下這部不朽的珍貴經典。

國家圖書館出版品預行編目資料

南台灣踏查手記 / 李仙得 (Charles W. LeGendre) 原著；
黃怡漢譯 . -- 初版 . -- 臺北市：前衛，2012.11
272 面；17 x 23 公分
譯自：Foreign adventurers and the aborigines of southern Taiwan,
1867-1874 : Western sources related to Japan's 1874 expedition to
Taiwan
ISBN 978-957-801-694-1（平裝）

1. 台灣史 2. 台灣原住民 3. 清領時期

733.27   101015022

南台灣踏查手記

原　　著　Charles W. LeGendre（李仙得）
漢　　譯　黃怡
責任編輯　周俊男
美術編輯　楊荏因
出 版 者　前衛出版社
　　　　　10468 台北市中山區農安街 153 號 4F 之 3
　　　　　Tel：02-2586-5708　Fax：02-2586-3758
　　　　　郵撥帳號：05625551
　　　　　e-mail：a4791@ms15.hinet.net
　　　　　http://www.avanguard.com.tw
出版總監　林文欽
法律顧問　南國春秋法律事務所
總 經 銷　紅螞蟻圖書有限公司
　　　　　11494 台北市內湖區舊宗路二段121巷19號
　　　　　Tel：02-2795-3656　Fax：02-2795-4100
出版日期　2012 年 11 月初版一刷
　　　　　2021 年 09 月初版五刷
定　　價　新台幣 300 元

＊「前衛本土網」http://www.avanguard.com.tw
＊加入前衛出版社臉書 facebook 粉絲團，搜尋關鍵字「前衛出版社」，按下「讚」
　即完成。
⊙更多書籍、活動資訊請上網輸入關鍵字「前衛出版」或「草根出版」。